Treasures for Scholars Worldwide

龍啟瑞集

2

桂學文庫·廣西歷代文獻集成

潘琦 主編

廣西師范大學出版社
GUANGXI NORMAL UNIVERSITY PRESS
·桂林·

浣月山房詩集

浣月山房詩集目錄

卷一內集

辛丑二十四首

余於辛丑歲請假南歸同行爲蘇君虛谷旅館對牀征車把臂唱酬自適商訂多資良時難得計相距已三年餘矣追思我友悵然久之

乙巳十五首

卷二內集

丙午十七首

癸丑二十七首

甲寅十四首

槐子厚故里　　萍砙大李同年以樞垣拜　賜哈密
瓜見餉率賦報謝　　少鶴以言翁近作詩歌一卷見示
陳蓮裳同年鴻壽齋中消寒小集賦得望雪限鮮字
覲黎樹堂表兄三首　　冬月
賈浪仙祭詩圖爲王少鶴同年題　東坡生日集林穎叔壽圖樞部齋中
限用定惠院月夜偶出詩韻是日僕不至聊和此章
除夕二首　　除夕理二十年來詩稿感賦
丙辰二十九首
申甫京兆同年前歲雪中過訪立夫少尹世年丈長歌往復情詞兼美意
而奉和此章　　春初侍飲壽陽師相寓宅承賜和霞
舫少尹同年步韻舊作詠雪詩見示謹和二章

送黎枚丞宗昉南歸　　感事

故劍歌爲劉椒雲學正賦

丁未一首

姚子植同年輝第以王荆公唐百家詩舊本寄惠賦此報謝

浣月山房詩集卷一

内集　　　　臨桂　龍啟瑞　翰臣

辛丑二十四首

贈蘇虛谷

大星一夜飛入口化作詩人膽如斗銅琶鐵板聲滿天山精藏遁蛟螭走蘇君贈我好詩句奇氣紛拏無不有昨來獻賦長楊宮與君馳逐名場中升沈顯晦各有數男兒豈必悲途窮昔君再出山東道足踏岱宗覩日曉盪胸不覺滄海寬入眼眞教衆山小今年重渡蘆溝橋草枯雪盡風蕭蕭青錢三百沽春醪長安市上相招邀座中王郎少鶴亦奇士酒酣拔劍歌何豪下筆仙語復鬼語薄視漢魏窮莊騷多君才調有如此神物豈合汙塵滓但恐高堂年鬢侵暫辭金闕還鄉里方今遐荒正多故英雄所貴諳

時務讀書萬卷不知兵又安宇宙終無具君家老屋淸且幽歸來圖籍供冥搜整頓乾坤如有意肯抱陰符甘白頭

黃河四首

濁流終古此汪洋西下龍門萬里長星宿水源遥上界朔南天氣判中央春來波浪連淮口日暮風塵接大梁獨上郊原看井邑漢家底績重宣防

今年盛漲入郊墟積水城西幾丈餘百萬蟲沙歸澤國一時魚鼈占民居元戎幕府空籌策使者軺車自簡書誰使

至尊免南顧保安全在未危初

金隄千里浩無涯歲費洪纖入度支輦去金錢爭土價泛來蘆藁等山移防川自古無長策經國終難免漏卮解得吾

君宵旰意忍將膏血付沙泥

洪波日夕向南侵禹蹟茫茫不可尋異險動關天下計憂勞獨繫
聖人心竹流秋盡知無恙桃漲春來最不禁水國由來居釜底安瀾從此
處方深

新鄭過子產祠墓下作

列國紛爭日輿人誦德時至今溱洧上猶有大夫祠政息萑苻盜風懲蔓
草詩墓門喬木在千載使人思

雪夜次虛谷韵

旅館寒燈盡征人夜索衣響驚枯竹折影息凍禽飛萬瓦曉煙溼遙山樵
徑稀不知風雪裏天末幾人歸

李將軍射虎行

將軍射石不射虎醒後空驚石沒羽至今眞虎晝食人南山居民受其苦

黃蘆葉短風蕭蕭入山不用持金刀手搏白額須臾死始知周處眞男子

潁亭懷古

我行日以倦策馬登潁亭日暮見新霽山色延空青緬昔沈寂士高蹈栖巖扃緇塵視軒冕豈以勞心形優游造物外長揖謝明廷茲亭臨潁水馳驅道所經愧彼宦遊子塵鞅何時停寒瀨石齒齒流水風泠泠高人不可作大塊空蒼冥

述懷兼寄諸同好

余家本儒素少小親林邱里門慨跧伏勵志耽旁搜結茅桂山頂俯瞰清江流臨風發長嘯巖谷多清幽抗懷古賢哲恨不從之遊弱冠來湘浦蘭茝搴芳洲遐哉屈與宋斯人不我留駕言徂京國馳驅徧中州燕齊及趙代冠蓋若雲浮風塵豈物色私心徒悠悠計偕凡五上三北非吾憂上第

雖幸竊虛名或貽羞仰視皋夔侶俯懷伊呂儔作室資棟梁濟河待方舟愧無匡時具何以應所求盛年匪足恃日月忽我遒潛心玩竹素努力追前修時哉弗可失愛此春復秋天涯歲云暮入室寒風颼燈火照簡編此樂難復休典型誠不遠夙志當見酬寄言同心友庶以慰綢繆

汝橋

數點閒鷗狎浪花汝南橋畔響輕車行人久厭風塵苦一見舟帆似到家

古詩五首

遠山如高士可望不可攀時有蒼翠色飛撲來眉端我欲往從之石徑巉且頑何當假斤斧一爲剷巑岏誅茅黄葉須結廬白雲間放懷陵孤鶩長嘯招鳴鸞安期與角綺時時相往還長生有靈藥芝朮或許餐

文章雖末藝貫與情性俱眞性苟一漓千言亦爲虛君看揚子雲識字論

五車失節事新莽千古爲欷歔試觀劉越石文藝頗麤疏歌詩只數闋浩
氣峻八區春華豈不貴秋實誠相須被服苟不完焉用雙瓊琚骨格苟不
稱焉用曳繡裾寄言摛華士根柢當何如
崑岡產美玉合浦出明珠滋生各有類至寶天所儲求之苟以道妙用良
不誣古來賢哲士歌嘯甘蒿廬請業者踵門所至或成都德輝應星象善
氣充里閭河廣潤始深道立勢不孤惜哉荊山下獻璞非吾徒
老松卧巖谷幹直陰蒼然人影所不到有鶴巢其顛飢食百草子渴飲飛
來泉清露有時降一聲聞九天
踆烏躍東海耀景都邑中都邑何鬱鬱邸第相交通朱甍百餘尺輝映羅
綺叢門前多喬木嬌鳥啼春風美人捲珠簾一笑山櫻紅朝車正歸來駿
馬如游龍冢僮進美酒琉璃金珀鍾冠蓋爛如雲入室生光容幸生太平

世此樂將何窮

舟行晚眺

遠市夕陽中歸帆趁晚風廚烟穿樹白漁火渡江紅水落閒清瀨霜晴見碧岑客心最先覺側耳聽征鴻

曉發唐河

久向風塵感倦遊臨江忽喜泛扁舟朝雲乍捲山如畫晴雪初消水更流獻賦相如還作客思鄉王粲幾登樓明朝漸近襄隄路試問垂楊似舊不

途中遇雪示同行諸君

大風吹雪黑雲翻茅屋四捲燈爲昏曉來千里淨如洗銀海爛漫光無垠是時行子正早發苦寒不覺重裘温凍泥未消馬蹏滑車輪碎碾冰花繁顛搖簸盪無時息心驚目眩手自捫車行一日不數里往往投宿無人村

同行諸子各憔悴挑燈靜對心為煩側聞是邦土宜麥冬求得雪春苗蕃乃者祥霙厚盈尺田夫野老歡相喧居人衆多行人少此情當為天公原若使冬行不遇雪旅人雖喜農人怨征途遲早自有定忍使無麥傷黎元詩成天曉雪亦止忽見樹上明朝暾

襄陽舟次贈別虛谷

落拓風前季子裘還鄉更買洞庭舟家無負郭難終隱囊有新詩足壯遊歲晚歸情湘浦月天涯別夢薊門秋那堪歧路重分手不盡離心漢水流

漢皋樓題壁

交甫遺蹤豔至今碧波芳草寄遐心當年解珮人何許漢水東流日夜深

樂鄉關

曉發樂鄉關殘雪光在地錚然馬蹄響亂踏層冰碎初日照山脊晶瑩動

鼇背突兀梵宮聳峭與孤塔對餘霞斷猶赤老柏洗逾翠晴光入草木萬
物有新意隆冬變春容倏忽參詭異念我懷歸人征途恐遲滯出門見朝
陽心顏輒一慰且喜庭闈近家門不日至衣錦未足榮承歡庶可貴日暮
沽美酒聊用博微醉

偶成

積雪初晴欲曙天清霜疑霧復疑煙征人離思歸何處都付朝陽雁影邊

途中紀所見

我行百里餘洪波浩如海孰知汪洋內尚有城郭在城郭何蕭索殘堞空
纍塊泥沙壓人屋尺地無爽塏窟穴逼蛟龍誅求盡魚蟹側聞父老言被
水已三載茲邑本窪下衆流爲之匯田園俱漂沒陵谷亦遷改曩者萬金
室一朝成凍餒貧病走四方溝壑難久待我聞心惻然斯民竟何罪天災

固流行人事或荒怠隄防苟不預幕燕巢終始手此流離狀吾將訴眞宰

壬寅三十一首

題徐作之歸耕圖

人生當學張騫傳介子立功絕域生封侯不然負郭之田五十畝歸來可作逍遙游安能奔走萬萬里坐使田園蕪穢成荒邱徐君大隱得此意圖中預作歸耕計黔婁有婦能甘貧解變時妝作椎髻舂來相餉綠畦前看攜鴉嘴鋤春煙晚歸茅屋飽且醉牛衣擁鼻方酣眠桃源風景在人世眷屬可以稱神仙多君雅抱有如此胡不歸兮向桑梓君家老屋東海濱側聞戰卒今雲屯王師自不擾廛市肯使耕鑿妨居人安得隻手扶世宙要息羽檄清邊塵舉世再返羲皇湏退歸林下易初服與君同作耕桑民

湖上

喧聲鵝鴨臀腥氣蛟龍慼嗟爾湖上民生涯於茲託水去暫棲止水來旋飄泊生兒水中大了不解耕鑿蘆葦種成田秋老供籬箔時見水草間炊煙寒漠漠但有遷徙勞未卜安居樂同爲太平民生計彼何薄

去年築新隄積水蕩爲墟今年修舊隄增高幾丈餘年年事畚鍤何時得安居湖身半泥沙所在憂停淤春水四溢出浩渺漫田廬古來膏腴地至今成沮洳濬河尙有術濬湖無成書撫字在良吏保障當何如

憶昔秋夏過積水與簷齊至今沙土痕漸覺茅屋低田舍有新阡村徑無故蹊東屋挂秧馬上滿塵與泥豈無二頃田那得將鋤犂童稚來乞食骨瘦氣慘淒投之以勺飯爭食若羣雞家僮叱不去令我心神悽此亦人子耳安忍忘提攜

洞庭

我昨遊中原平衍莽無界及茲泛洞庭頓覺坤軸陷洪波浮日夜激宕聲澎湃南來匯湘沅細大收衆派雲夢吞幾許於中絕芥蔕大江流不盡水勢何由殺湖中小洲百細若浮粃稗君山渺一髮審視力已憊想彼造物心以此雄南戒浩蕩含元氣奔騰露光怪月夜起魚龍聲如聽梵唄古皇張樂地流風迴超邁我行蓋已屢每見輒一快乾坤幾須彌納此舟如芥作詩忝掛漏聊償雲水債

紀事

二月初吉日正午我時挐舟向湘浦春行夏令鬱且蒸皿蟲穀飛象爲蠱南風三日不得息吹噓未快天猶怒不知大聲何處來但覺洞庭百里之間哮如虎江豚拜天不可見鱗起馮夷擊天鼓蚩尤旗捲白浪飛橫灑江干作急雨是時天氣明而晦黑雲堆壘暗窗戶舟人檥舟聲亂喧倉卒那

能施柔艣岸側有洲急爲進勢如鯈魚避網罟後來地隘無所容往往巨浪隨掀舞客子起看推孤篷心摇目眩聊傴僂山木時與船低昂枕席但隨波仰俯乃知利害在俄頃惟天有怒誰敢侮挂帆直進豈非計遇險而退無乃鹵胥來買酒樂長年卧聽高歌起樓櫓

湘源紀行

古木森蒼崖飛雲掛石屋南風三日程吹送湘水曲諸山若屏障秀色疑可掬時維暮春初晴暉散平陸蘅蕪雜蓀荃細碎紛衆綠山花如有情時炫遊子目遥看白鳥下徑就陂塘浴淨極不容唾況敢濯我足當年子屈子行吟想芳躅至今湘水流不共江河濁海洋爾何山湘水發源興安縣之海洋山靈源此中蓄何當訪幽勝一就峰頂宿

題李星門丈熙垣松陰讀書圖

眼前不見眞山水描摹峰巒徒爲耳胸中不識眞古人下筆終與塵俗鄰
星門李丈隱於畫一生水墨精絕倫壯年冠劍走萬里匹馬還逐京華春
薊門煙樹望不極居庸疊嶂開嶙峋西上潼關去天尺黃河萬里連砂磧
回身却望太行山元氣冥濛盪秋碧歸來圖畫滿胸中筆端縹緲爭神功
尚恨古人不可作無人共語雲山蹤晴日明窗動幽興小卷大軸紛横縱
摩詰已後作者幾三王秀出今南宗一一展閱心相印置身恍惚登雲峰
疎簾清簟未爲美健人炎夏惟長松灑几淨若無筆墨紙上颯颯生清風
天與煙雲作供養畫圖須眉劇蕭爽會將妙筆窮雕鎪卧遊圖就恣歡賞
吾鄉山水天下奇巉峨蒼玉前人詩都嶠諸峰更殊絕洞天福地仙靈嬉
其中煙霞日百變還勝雁宕兼峨眉惜哉荊關董巨不見此畫圖千載無
人知星橋羅子　辰老好事尺幅細寫心神疲頗嫌筆意尚繁碎有如凡骨

無仙姿先生老筆近神品山靈豈合舍曉谷小阮況足繼家學謂展之同年名山寫照今其誰還君此圖三歎吁莫令米老但有陽朔山水圖

由靈川至興安道中作

新涼入意爽客子去閑閑月出萬峰頂風生羣樹閒魚龍方大澤猿鶴自深山遙想白雲裏幽人應閉關

北上有天險嚴關莫與爭半空惟鳥過絕頂少人行草木春山合人煙古戍橫由來荒徼地不敢倚時淸

蓊木滿山路怪禽聲似歌野田繁紫芋茅屋補青蘿道邊靜亂山晴後多故鄉從此去何日復來過

題呂甗堂太守恩湛射虎圖

昭陵山中有真虎道旁過者無敢語何來太守勇且英麾騎叱咤山神驚

長風捲松百谷動霹靂應手雕弓鳴一矢貫吭偃不伏目睛入地光猶綠
當年只遇射彪手怪爾橫行到山麓宏農太守今所稀封邵食人疑是非
安得使君射虎箭坐使巖谷收雄威卽今畫虎陳空迹想見探穴神奕奕
歸來却笑李將軍醉餘空射南山石

棄婦詞

燕支山下花滿天嶺南末利不成田東家有婦方盛年一朝棄置吁可憐
憶昨于歸十六七顏色如花耀君室金屋藏嬌倘畏風玉臺專寵非論日
此時兩美同一心滄海不如郎意深却笑長門當日事區區一賦抵千金
誰知人事須臾變黃姑織女不相見因風柳絮比郎心帶雨梨花潑妾面
妾面自知今日老郎心不比當時好出門却憶初嫁時滿地桃花今白草
回首殷勤重致詞賤妾已去郎勿思却念門前桑柘樹春來莫翦最繁枝

繁枝手種高如許窺牆猶與鄰家侮但願新人故不如爲郎端正持門戶
時物從來有變遷秋風紈扇未應捐歸來夜夜妝臺畔悵望天邊月再圓

題沈友陶雲龍册子

六月燒空火雲赤雨工酣卧無處覓入眼忽覺風霆生海霧連天黯將夕
沈翁畫龍古無比尺幅變化含千里生材本爲霖雨用一一鱗甲皆奮起
我聞天用莫如龍屈伸隱見無常容公從何處貌神采無乃妙筆參元功
頗疑當年作海客採珠常近驪龍宅歸來信手寫蜿蜒展向晴窗動心魄
或者前身爲雨師春雷出地鞭蛟螭手扶天上眞龍子風淚怒作鱗之而
故獨寫眞在人世肯使凡筆羞神姿方今海國民畢逋東南暑雨桑田枯
會見靈虬起潛蟄倏忽變幻風雲驅時雨旣降民其蘇雲兮龍兮遇合固
有數安得好手再繪商霖圖

秋懷一首和張芾卿

秋氣如醇醪近人先自醉秋懷如中酒未倦輒欲睡蔌蔌涼風起紛紛衆葉墜依依旅雁鳴嗷嗷夜深至那堪淒警時更感別離思造化本無心慘舒有時異人生百年景速如奔泉驥甘以寸心微受此俗緣累天公應大笑蠛視人間世君詩何磊落讀之壯人意勉此貞松操愧彼桃李媚貞松匪不苦勁節得自試桃李匪不妍紛華衆所忌和詩聊自廣仰惜年華逝各抱歲寒心索居以相慰

洞庭中秋待月作

一年一度分宵月獨向江頭照離別幾年客裏過中秋每對蟾輝悵鴻雪今宵胡為在洞庭水色山光正晶潔亭午南風飽片帆徑渡湖心如電掣[illegible]翻半天霞彩絢琉璃萬頃波紋繡遶岸無烟蘆葦荒時見漁燈半明滅

須臾白氣升東山過露玉環剛半玦天公不合釀微雲坐使清光現如瞥
江頭鐵笛黯無聲湘女湘妃共愁絕素娥深意良可感知我離人怕佳節
故將霧縠障冰輪未遣羅襟飄露屑人生聚散要有常也似金波遞圓缺
明年烹茗玉堂中回首江湖思清切

詩成月出因疊前韻

陰霾無端妒華月姮娥暫與湘妃別三更捧出白玉盤擲向湖心濺飛雪
鏡影新磨似更明練光再瀚還加潔何事更然牛渚犀碧海長鯨坐掘掣
幽人蓬窗夜不寐靜對湖光指眼纈遺吞雲夢目已了細讀離騷燈可滅
過想高寒十二樓仙風吹響飄瓊玦青天碧海幾何年盈虧過眼風花瞥
廣寒何日不中秋强立名字真癡絕故知客懷不可貯要使傾瀉逢佳節
會當梯雲到碧宇細嚼桂子霏香屑奪取吳剛玉斧還月本無圓復何缺

夜闌忽聽波浪湧枕樓絃管聲淒切

岳陽樓

岳州城南三放舟往來未上岳陽樓樓中仙人應大笑醯雞安可談陽侯
茲來天氣正八月涼雨一洗湖山秋肩輿乘興決獨往要使千里窮雙眸
君山對我如舊識雲鬟風鬢烟中浮靈旗捲波作飛霧縹緲或恐湘君游
長空飛鳥去欲盡望眼直到衡山陬壁間樓記誰所寫玉虹（謂張文敏）筆力清
且遒希文不作子京邈俯仰誰抱斯民憂是邦形勝踞湖頂中貫南北爲
咽喉東流竹箭去如駛玉粒香稻千船收萑苻雖靖蒙
帝力水潦未殺終神羞春來萬篙綠如海但見鳧雁來沙洲澤國甫田荒
者幾那得婦子安鋤耰祇今誰是滕公儔斯樓已舊煩重修使我登遠心
悠悠

答朱伯韓前輩去歲見贈詩一首

余生鮮兄弟爲學常患獨每見同志人重之逾骨肉辛歲始識君聯鑣戰
場屋雄文富波瀾浩氣吞岳瀆余時齒尚少見面頸輒縮弱冠遊京華計
車正相逐籋雲不我待先騁騏驥足是時長安居得共聯牀宿河漢轉夜
闌清談時翦燭君言天下事擔荷在吾屬康濟正需才同心願相勖又言
古人交期許重心腹詎徒尙聲氣外華鮮中樸側聞長者言頓使雄心伏
平生金石性未遽詭流俗感君敦古誼得以雁行目去歲對
大廷甲科掌首錄芸館有先型蘭臺步芳躅貽詩厚相勵高誼見忠告翰
林儲材地匪徒修邊幅禮樂及兵農經濟當預蓄昔者陳文恭斯言可三
復日昨東南來凶夷恣慘毒長鯨走岸旁吞噬飽所欲安得倚天劍迅掃
妖氛速備員忝侍從倉廩益微祿誰使

至尊憂要亦吾輩辱吾兄匡時志覩此眉應舒行將列諫垣丰采覘奏牘
上益
聖主聽下為生民福賤子實不才敢和陽春曲前修願交儆良箴時往復
庶幾雷與陳交情老愈篤

山行道中作

衆山鬱氛氳蒼翠逼諸天平野豁然開下有陌與阡人家傍山澗繞屋飛
流泉新晴融地脈草木增清妍鳴雞互相答喔咿破朝煙山翁耋出汲耜
鑿拾秋繇顧我興嗟咨咤歎爲神仙人生有定分豐嗇理難全妄知奔走
勞詎若安居賢吾方私愧汝未謀二頃田

黃陂道中作

百里黃陂縣蒼茫落照西斷流胡渡馬深巷夜鳴雞野晝收暑積人多市

棗棃南來波浪惡莫上瀟湖隄
百穀登場日農閒方在茲終年勤婦子一飽到孤嫠餘粒雞豚得閒嚋烏
雀嬉安居葺屋者風景那能知
野老依山住風塵不到門有閒惟種樹隨意自成村留客榻常掃呼兒酒
重温田家風景好不敢傲華軒
兒家何所住生小大江邊蘆葦編成席餘花種作田機絲鳴夜夜茅屋補
年年不學商人婦高樓望客船
隔里逢村落橋西得幾家水菱圓聚葉山竹暗藏花宿鷺棲煙定歸鴉背
日斜便邀老人語攜手看桑麻

過信陽何大復先生故里

大復山前路詩人故宅存山川餘藻繪文字寓精魂明月篇誰繼風騷道

自尊元音消歇久惆悵與誰論

過彰德

秋來策馬渡清漳入眼蕭森柳萬行客夢半醒殘月上村炊乍熟晚風香
鄴中諸子空文藻河畔高臺自夕陽千載霸圖留不得西陵煙樹鬱青蒼

曉發邢臺大風作

天門晝啟靈旗軒帝洩其怒巽二奔紛紛砂礫來驟雨滚滚煙霧疑黄昏
東來已愁渤澥溢南下更恐河源翻行人伏車不敢語待掃黑霾看金盆

以水仙花贈錢萍江同年寶青疊韵二首

水仙本花王素豔羣卉伏娟然如靜女無言自清淑惟予與此花對影稱
雙玉惟我與夫子臭味實一族瓷盆手自栽淨極若新沐中有小白石細
寫秋蘚綠晴暉照窗牖茲葉抽簇簇我齋寘無他得此春意足因念君子

室寒霜圃老屋北風吹海棠雜薇雜衆木君性好海棠曾手植焉榮華有時謝舊遊那忍觸不有綽約姿何堪媚幽獨移根得善地是亦花所欲聘錢豈必費佳客來不速遙知清夜裏發展離騷讀屋暗燈火寒漏永幽香逐清如和靖梅韵勝子猷竹曾嘗踏雪來對坐領芳馥

羣芳鬬香國倔强未肯伏竊意太眞豔未若江妃淑仙人海上來翦此一叢玉與梅雖異類香豔乃同族肌膚結冰處容華屏膏沐憶生沙岸旁晴波漾空綠靈根得灌溉嫩蕊紛攢簇不過搴芳人汀洲老亦足一朝入城市供養珍華屋託根盆盎間棐几藉文木俗工强位置凡手競相觸誰知草木情厭衆嘗喜獨幽賞固所期喧譁諒非欲甘爲北枝後耻效唐花速何修近君子得伴芸窗讀晨昏對清影永謝紛華逐想見空谷姿日暮倚修竹歲寒君勿怨閒居守芳馥

城南看花和王少鶴錫振並邀姚子楨輝第錢萍矼寶青同賦

寒鴉曉噪日在東輭塵不起天磨銅城南花市春融融長安貴俠連錢驄車前載花如遊龍我亦逐隊騎春風勝遊樂與三子同入門香霧霏冥濛蘆葦小屋形如弓胚紅孕紫藏窨中海棠睡起嬌欲慵水仙妃子清而丰俯仰山茶紛纖穠未若老梅冰雪容白石瘦倚蒼苔封頗惜市人皆奴傭盤屈直幹成疲癃或以獸炭金爐烘繁花一夕變蒙茸縱極人巧非天工攜歸老屋陪歡悰聘錢雖貴難辭窮華筵自壽金珀鍾我儕年少如終童朱顏足傲春花紅京華旅宦時相逢人生聚散如飛蓬他年月落空山空應有好夢隨秋鴻作詩繼聲二客從願如此花盟其終隨風開落莫悤悤

癸卯七首

人日贈王少鶴 時少鶴有南歸之意故末句及之

去年今日逢人日洞口桃花上客衣（去歲歸省武陵）別夢難尋芳草路鄉心猶戀
釣魚磯六街烟雨連年換九陌香塵撲面飛待得春來花事好天涯莫羨
雁先歸

遊春

春遊無定處遠近隨馬蹄十日不出門春草綠已齊柳色如黃金昨枯今
始稊東風陌上來十里開棠棃海棠及文杏露重垂欲低獨有野藤花寂
寞傍荒畦恰似田家女淡泊甘鹽虀安知桃與李無言自成蹊數年遊京
國久與家山違去歲暫歸來言訪漁郎溪夢中桃源洞仙路今未迷撫時
感物候歲月難久稽僑居道院旁卉木如林棲曉日上疏簾又聽山鶯啼
及時當行樂常恐朝陽西同心二三子勝遊相提攜歸來花樹下莫負清
樽期

讀平湖劉烈女遺事作

城頭巨礮聲震天鬼奴傍海飛腥涎東家西家走且顛遇之於塗或殲旃
女聞而起心慨然展轉走匿行復旋依依執手慈母憐樓下古井泉涓涓
俯身下就方及咽阻之不得心則堅女身可捐節可全海氛騷動胡蔓延
蟲沙猿鶴均焚煎何山冰雪埋芳鮮貞魂一縷隨飛烟乘風上訴蒼者天
帝命列缺揮神鞭迅掃醜虜清瀛壖安能更化精衛填投沙委石無窮年

秋日作

微風釀清寒輕雲羃林表翛然無客至庭院深以悄牽牛花已過尚賸霜
藤嫋時於籬落間扶疏見紅蓼高槐噪蜩螗急響今漸少寒鴉亦知警飛
鳴自晨曉靜觀感物化榮枯互相繞造物本無心羣動自紛擾君看霜中
柏蒼鬱插雲杪又看野塘內菰蒲亂青縹人生天地間賦形殊幺藐安得

隨時變悲鳴雜風篠方知騷人輩所見猶未了

獻姚石甫先生即以贈別

十載滄溟外崎嶇未盡身人心厭驕虜天意詔孤臣別思千山月歸途萬木春征衣惜輕浣知爲帝京塵

未了看山願城西往少時夢猶京闕戀歸爲友朋遲黄葉聲中酒蒼茫閣上詩東瀛一回首揮涕萬人知

老矣猶茲健風塵想據鞍艱危緣世變摧折見才難卧虎滄江靜冥鴻天宇寬願公珍晚節歸路雪霜寒

甲辰五十九首

奉使粤東出都門作

積雨逢初晴郊原滌溽暑草木含新意快如目未覩夙昔西山色延望在
庭戶逶迤沿其麓石髮紛可數林開霽色見峰淨雲容吐晝長蜩始鳴曉
熱蚊猶聚念彼僕夫勞喘吁氣如縷王事有程期遲速難自主清風何處
買作詩聊慰汝

過河間獻王墓

嬴氏愚黔首羣經遂遭燔散衆委塵壤聖道不復尊炎漢挈天綱六籍光
幽昏王生際平世儀彼先聖言皇皇日華宮文士供駿奔掇拾灰燼餘刮
磨如彝尊維時周禮經成書貢天閽大哉聖人道朗若扶桑暾廣川產鉅
儒王實開其源吾聞有傳法功與十子論如何千載下籩俎不復存我來
重憑弔坏土餘荒墩鬱鬱松柏樹青青拱墓門石馬雖已折佳氣被無垠
斯文其在茲來者永無諼

沙隄行

君不見道旁沙隄白皚皚須臾雪融盡無纖埃春雨一洗十丈裂砯崖轉石聲轟豗行人失足易傾跌策馬欲進終徘徊乃知易築旋復潰古來金隄安在哉

道旁見田家二首

余生在廛市未爲郊隴行賴於客旅閒得知田野情稍能辨菽麥兼諳雨晴茲役維仲夏原隰騰炎精二麥已登場文雉驕不鳴高粱及晚稻薿薿含金英瓜田縈紫芋尋葉紛縱横朝陽攫寸穗夕露抽尺莖時見野老來荷鋤如春耕間之何其然辛苦歲有成田家婦子閒城市尠所營耕饁得自盡飽此粥與羹用茲勞筋力行與壽考并豈如彭澤翁尙以善自名對此私用愧吾亦拙謀生

憶昨出都門禾黍青離離漸入齊魯郊穎栗紛葳蕤及茲過淮泗壓隴黃雲垂感彼華實異如覺經旬時旬時尙云爾歲月亦如斯嚴律轉麥亭屋迎朝曦新糧已入甕陳粟亦在炊遙知此物候正我歸來期今年雨暘若高下恰相宜時哉及秋穫場圃築毋遲歸來當賀汝爲汝歌京坻驛路多好花紅紫紛高枝時物易變換我行胡逶迤但使慶有年餘事客足知

東阿道中

碧嶂參天影四圍松林一徑破煙霏朝行石磴看雲上暮入山樵送雨歸景物漸宜鄒魯近峰巒欲認楚黔非乘槎更有滇南客謂何根雲前輩悵觸鄉心十載違

固鎮題何氏別墅

妙得林亭趣簷楹敞更幽疏花微見日高樹還含秋隱几山光接開軒野

色浮征途苦塵土爲爾一遲留

渡淮

時中牟大工未竣黃水逆入於淮書所見作

爲問長淮水頻年更若何舊流歸海狹新漲近城多自可吞羣派焉能受九河會當分濁浪還爾舊時波

盧州

我行廬州夏六月火雲燒空四山熱旱禾割盡晚禾枯老農踏車汗流血開渠引泉亦何濟昨日有水今日竭行人下馬驛亭裏一飲清泉冰到齒問之致此路幾何云自村南十餘里憶從兩月皆大旱近井泥乾無滴水淮北諸邑地苦低春漲灌田田成谿淮南諸州亦沃衍黃流泛溢侵畦畎是邦形勢占高原南來坡坨似陂巘餘波不及未足倖亢暘偶遇知難免深山旱魃胡跳梁平地蛟龍易偃蹇我今作詩爲汝告要與赤子蘇殘喘

夜來涼雨飛高松雷聲隱隱東南峰嗟爾民兮愼勿苦擊鼓吹笙報田祖

新晴行山澗作

川原新雨後驅馬復行行日薄數山影天空一鳥聲遠林散煩燠曲澗洗幽清獨有芙蓉渚迢迢芳草情

晚宿店埠

客途苦炎熱征輿困息偃行行日已暮詰屈下山阪喧聲鳥雀散暝色牛羊返繽紛古澗藤歷亂幽花晚隱隱聞輕雷迢迢隔雲巘欲宿投何處野澗人家遠華燈照古驛蒼苔閉深苑蕭然一雨來淸風動羅幰離懷度長夜欲寐側復反長路無書札何人問餐飯

大峽關

入山天冥冥出山風冷冷出山入山各異態平原芳草長靑靑千巖萬壑

不知數何年琢就蒼玉屏長松百尺誰所種一一偃蓋皆龍形深林雲日
合變幻騰躍光怪藏精靈峰頭積霧晝疑雨髣髴尚帶龍涎腥石滑尚愁
行旅過徑仄或恐猿猱經道旁野藤花歷落含芳馨老鴉銜子種巖谷霜
根蟠結餘千齡一翁賣茶貌何古終日宴坐惟茅亭鶴髮非仙亦非隱得
毋內視存黃庭我生日夕在塵世勞勞軒蓋何時停他年待訪赤松子有
緣無慮雲巖扃

桐城

桐城山色遠連天萬疊嵐光落馬前幽澗藏花迷野寺小橋通竹隱人煙
秋藤處處青圍屋晚稻村村綠滿田惆悵簡書多促廹未能佳處便流連

黃梅江漲以舟濟五十里阻風不得行榜人進香稻白魚甚美詩
以紀之

陸行更乘舟放眼輒一快方覺五十里所見未爲大孰知片帆發適與飄
風會停舟倏不前小憩猶可耐日午饑腸動筋力稍覺憊水村遠城郭欲
市苦無賣榜人大解事壺餐具不戒玉粒淨可數銀絲細堪膾糯鑿去糠
粃鮮潔謝葱芥食罷思更索老饞無乃太行厨致珍膳圖飽難一嚐豈知
眞味存美在芻豢外吾鄉近澤國魚稻家風最他年灘水旁蓑笠尙足賴
此飯未可忘此地儻能再

題潯陽驛館

南去悠悠天塹長郵亭駐馬玩年芳閒門有路侵幽草高閣無人送夕陽
江到湓城聲漸大秋來彭蠡氣先涼琵琶消歇誰堪問獨向風前一引觴

過廬山遊東林寺

我從江北來已見匡廬峰天門晃蕩射初日赤霞照耀金芙蓉渡江覿面

無咫尺秀爽使我清塵胸潯陽旅舍偶一駐夢想勝概精魂逼山靈為我
助清興曉行未遣頑雲封老松蕭蕭俛絕壁石徑獵獵驅長風千巖萬壑
不可計攀陟有願知難窮不知香爐之峰在何許但見往來雲氣飛冥濛
羣峰負地背湧出夔龍掉海羣魚從鱗甲之而了難辨巨脊突兀撐青空
我疑鴻荒渾沌誰所鑿得毋神工鬼斧精磨礲萬年元氣老不死出沒光
怪含清雄天台雁蕩果何似未知奇奧當誰同遠公蓮社有遺跡小憩一
一稽靈蹤老僧為我指林岫辨別名字分南東開先棲賢俱不到雖有二
勝無由逢東坡先生有廬山二勝詩我生日在山水窟當門桂嶺青巃嵸探奇往往薄
目見浪說泰岱誇衡嵩茲山之遊十日耳倉卒未得攜枯筇乃知人生侈
遊覽及其既至心轉慵却尋驛路滿斜日陂陀掩映林光紅歸來應更山
下宿待識真面難匆匆

曉發

宵柝遞急響晨關啟嚴扃僕夫趣我駕吏卒候郵亭披衣攬帷幕曉色辨窗櫺斗室貯虛白樺燭光猶熒危檐掛殘月破壁見疏星主人治離筵桂盞傾綠醽對此不能飲馳心入郊坰郊坰滿初日雙旌鳴和鈴霜微草露溼繚亂林花馨飛蓋上長坂仰視天杳冥寓目有奇賞躡足無昔經朝逐纖御返夕共羲轡停寄語林棲子無爲嘆勞形

東軒　瑞州府試院左側蘇文定監筠州酒稅時所作

幽軒下夕陽庭宇森衆綠古人遊息地遺芬在卉木卉木豈昔栽沿砌補修竹墻東李與桃嫩葉青葳蕤緬昔次公賢宦小志不辱拙閒簿領餘退息玆焉足阿兄黃州來十日假休沐依依老兄弟握手話幽獨蕭瑟夜雨涼黯淡寒燈續室有犀角兒詩句清如玉傳家賴汝賢歸計可預卜爲指

夙昔心信美嵩山麓茲軒特寄耳鴻爪驗芳躅我來風雨夜更剪窗前燭空庭悄無人影動花枝簇新詩猶可繼古道那能復惟有檐間月曾照對牀宿

明珠篇

明珠棄道旁光耀人不識賈客東海來見之三歎息世人浪說明月璣肉眼安知魚目非石家百琲矜言富唐宮一斛空爾爲漢皐煙草斜日暮仙子淩風去不顧由來交甫未識眞棄言祇恨江妃誤千年寶氣在江干化作芳蘭綴秋露潭邊昨夜老蛟鳴深林月黑飛鼉精白蚌潛波玉蟾沒萬里秋空無復明始知奇寶在人世鬼物震盪天神驚古來荊山之璞和氏斯識豐城之劍雷煥是得噫珠兮珠兮我能拔爾出泥中置爾光明之桂宮使爾劍珮相磨礲但恐宵來望氣驚驪龍風雷攫去迷無蹤我欲捫拭

將安從

發萬安行山溪作

遶山延空青近壑俯寒綠縈紆一石徑細如腸在腹濤陰古檜蟠奇氣蒼松鬱幽花每倒垂怪石故斜出平臯露野田晚稻青簌簌時見遠人村環繞山之麓牆頭引瓜蔓門外補修竹下有雙板橋溪流瀉寒玉我來乘清曉佳氣滿巖谷天風吹雨雲前後互相逐村雞破午啼煙散聲喔喔賞心極清曠引興在幽曲一覽焉可窮十日良未足樂哉此清景游蹤謝樵牧

道中雜詩三首

路轉山溪深復深何年古寺陰沈沈老僧飯飽鐘聲寂門外崗風吹竹林

天際黑雲掃不開山風吹雨撲人來馬頭忽訝數峰失村女田中收麥回

江頭夜雨新漲闊秧田放水聲活活十里桔槔靜不鳴入耳蛙聲強喧聒

嶺頭黃日高三丈馬首紅雲低一抹山翁汲水烹苦茗道旁誰解行子渴

大庾嶺謁張曲江祠

東山西山雲氣濛馬前忽見青龍蹤不知梅關突兀在何許絕頂尚有人煙通贛南諸山顛盡赭奔走荒原亂如馬天教留此作崇墉瘴煙隔斷蒼梧野曲江相國命世英作事能使山神驚不然螺旋山磴二百里炎荒萬里無人行桄榔葉密天欲雨古寺空垣走飢鼠一代宗臣濟世心千年祠廟荒山主廟前梅花三百株花時氣壓蠻雲麤相公風度猶想見令人不憶孤山逋南來奉使六千里眼見雲山幾如此攀崖緣壁不須驚嶺南風物故鄉情歸時正及南枝發待向祠堂餐玉英

南雄江上

遠水蒼茫一葉舟乘槎眞作海南遊綠橙過雨香初透丹荔含霜晚未收

極浦蛟龍潛承夜深山鸞鶴起高秋南來欲問戈船事畫角西風滿舵樓

夜泛

近水急如箭遥山去若浮祇應明月影不共大江流

觀音巖在英德縣

峭壁遏奔流屹若千仞鐵何年六丁斧斫此一線裂鶩移老狖巢走避潛蛟穴龍宮浮舉木湧現金銀闕上絡天梯通下懸地維絕中有長明燈萬刧光不滅我挐小舟來探彼雲水窟初若虛牝投漸覺幽扉闢秉燭造深迥緣磴趨拘折軒豁見禪堂小憩忘盛熱石壁本天成潑倒古碑碣卻觀窗櫺外遠揖三峰列更上古佛龕隨山露凹凸當檐滴石乳幾瓣青蓮綴欲墮不墮時狀若箕噏舌靈境呀可畏幽芳猝難擷下巖理歸棹靜聽迴湍咽頗聞水月觀在巖西北與此風景別惜哉咫尺地欲往不敢決迴首巖間

樓但見香篆結夜來孤枕上鐘聲盪斜月茫茫煙水際濤夢不可越曉風吹片帆妙想參寥沉

峽山寺 在清遠縣

昨遊觀音巖已識峽山寺朝來鼓棹往脚健意頗銳仰觀衆山合似東弁流勢石根浸沈綠倒插疑無地突見金碧宮聳若凌雲氣捨舟入寺門老衲拱而侍西堂引客坐軒豁掃塵翳長風捲江流俯視心轉悸是爲凝碧灣妙語坡公記西北循曲磴歲久蒼蘚膩捫壁見古藤石罅霜根利上連老杉栝雲日互虧蔽何處大聲發颯然風雨至飛沫濺巖壑餘潤侵山袂巖間瀑布落奔驥猛難制僧言此泉好佛土資灌溉引澗通山廚何用餅罌致亭前烹苦茗甘冽快一試盤姍復再上山半得小憩松陰覆石牀側度濤風細似遊太虛境聆此鸞鳳吹卻觀古飛來縹緲青林際遙遙帝子

居白賛巖扉閉仙蹤縱難尋半途安敢棄凌虛造幽覓取徑愈深邃參差玉宇出燦爛丹霞被何年舒州來飄若流星墜壁間古碑碣詎有六朝字（相傳寺於梁時自舒州飛來有神人夜叩眞俊禪師語其事）茲山神仙宅頗具煙霞秘老僧一何愚荒怪託山魅轉令二禹祠千載失位置（二禹祠乃祀黃帝二子者今寺僧更建佛像於中而移二禹祠於山麓）聞歸蝯洞遺事尤詭異仙人久不出山徑亦蕪穢我欲窮其勝餘勇賈難繼逡巡赴歸途力倦時恐躓回觀舊遊處一一雲煙逝東行趁禪房南與高峰對微陰連暝色江樹動蒼翠歸船猶惝怳清境入夢寐

歸蝯洞（世傳孫恪袁氏事卽此）

幾日修眞隱石關暫時游戲向人間曾隨帝子偷丹訣又向高僧返玉環別後蘼蕪怨遙夜歸來鸞鶴嘯空山卽今洞口蒼雲滿採藥靈峰還未還

三水縣

南滙三江翠嶠連浮家初見蜑人船寒流夜漲潮逼海急雨秋來霧滿天
林際酒香椰子熟嶺頭日落荔枝然西來已飲吾鄉水欲覓鱸魚何處邊

三十六江樓在三水以三十六水匯於下故名

卅六江流勢盡吞危樓過雨瘴煙昏估船不待西風起直趁歸潮到海門

花田廣州城西南十里南漢劉鋹宮人名素馨者葬此歿卽甦爲素馨較他處更盛

廣州城南香作國千載靈洲瘞芳魄五更晴綵吹曉風滴粉搓香萬株色
芳華苑裏花無主豔桃穠李爭相語蓉城窈窕瑤英家玳瑁為梁珠作戶
誰知原是此花身陌上歸來暗惹塵金燭銀屏雙照影玉顏珠字兩宜春
宜春別苑仙人住畢竟芳名被花誤紅雲夜醉綺羅春碧月秋驚煙草暮
昔年名花變香骨十里幽馨黯不發至今香骨還作花素豔娟娟弄秋月
樓船簫鼓付滄波南漢繁華掣電過何似停橈江上路清芬還比舊時多

瀕行諸生餞於花地（花地即花田）賦此誌別

是邦豈吾土小住已彌月諸生四方志行將赴京闕聚散詎有常跬步覦燕粵胡爲一樽酒意等灞陵別憶昨歌鹿鳴上座余幸竊我義青袍彥濟濟在行列大僚走相賀茲榜盡時傑執贄至階下覿面始請切會城賓客衆與謁無時輟倉卒問行第坐席不得熱今朝喜再晤姓字猶恍惚深秋鴻雁來嶺路梅花發悠悠行子心劍氣衝霜雪長安壯遊地城西盛簪笏策蹇儻肯來問字尚能說茲行勿相送來日多於髮

黃生（子璣）續學士辛苦三十年唐生（承恩）耿介者囊中無一錢譚生（瑩賓）奇傑文字富千篇我觀諸子中莫如三子賢覿面始一再衆美知難全我才實粗疏忝此一飯先常恐志節墮科名重無緣諸生始得舉視此若登天孰知造其途有如尋常然名至實不充戰慄時恐顛人生祗百歲時事

多變遷當世尙無述來者何由傳勉矣千秋業毋爲虛名牽

玆地號花田種花如種穀耕耘所不事利可專藪栗想當南漢時佳麗移金谷珠樓連道左畫舫張羅縠香風捲地來紅翠紛簌簌憶昨承平久闤闠頗豐足笙歌夜成市燈火照華屋天道本惡盈何嘗縱人欲比年海氛肆繁盛非始俶招禍固有由此理幽可燭諸生念桑梓討讀想預警寂寂煙月地風景何由復他年論時事夜坐應更僕

今年秋典試羊城徹棘後疲於應接知有詩人張南山先生而未暇一訪挂帆後悵然久之舟過淸遠峽遇王恭三明府同年手游仙唱和詞一卷見示蓋先生首唱而黃蓉石比部和之余愛其詞因題七絕四首寄正

織就登科記一篇匆匆忘訪老張仙誰知卅曲鈞天夢觸動靈心五百年

玉詔分符佐紫宸碧桃花底過千春雲端一笑君知否綺語消除現在身

絕調初平有繼聲泠泠鳳管和鸞笙霓裳舊譜分明記暫欲拈毫怯未成

碧字飄詞唱夜闌紅雲遮海曙光寒人間不敢尋常讀歸去瓊宮洗眼看

舟中雜詠六首

海珠臺上海珠浮十五娃兒解放舟船裏織將花絡買也應勝作石城遊

曉樹陰森帶露朕荔枝灣裏翠縈紆祇因未識楊妃面贏得芳華南漢苑名十萬株

三江口外織風梭圓櫓輕浮穩似螺岸長斷汊人不識往來應是蜑船多

韶石江頭尙藹然泠泠風起誤鳴絃峰名在英德南誰知寶瑟淒涼曲輸與衡湘一派煙

中宿峽中潮水來潮來經宿復潮回於今江上潮無信野老山葱任意栽

海表功名孰破荒風流人說曲江張嶺頭尚有祠堂在消受梅花是鐵腸

中宿峽

雙峽鬬山門滄江勢盡吞鳥呼藤葉下蝯去白雲存古剎餘鐘響秋江落漲痕山僧知許事採藥自朝昏

補遊水月觀

游山不盡山意如索逋負豈必所歷勝懷疑終欲剖昨來觀音巖石洞祕深黝沈陰壓虎豹齋視不敢入闌間茲觀殊軒敞出其右覿面不一到既往吾則咎北歸緣兩月艤舟幸得扣小舟接石磴仰面見窗牖拂衣識水痕納履辨山韭虛堂臨江色高敞不容垢岸前諸翠巘鼎立若頫首長呼盡煙霞高攄失培塿壁間蒼鬣出丹崖塞其後古藤纏石罅一一皆瓊玖茲地實奇特與巖爲先後吾欲書摩崖光怪字如斗來者慎勿笑靈字神

所守

秋懷四首

夜深江月照人寒淼淼煙波水國寬昨見颸風披綠葦近傳宵露溼紅蘭西窗舊約論刀尺南浦秋心怯綺紈欲賦離情且拋卻嶺雲原不見長安

我有高堂浙海濱一家分作宦遊人暫勞定省惟諸妹且喜康甯未老親望遠豈無烏鳥思懷歸應畏簡書頻近聞澤國安魚鼠萬里馳驅慰此身

瀟湘驛路洞庭舟十載重湖感舊游書授伏生誰惜老(謂衡虎巖學博)詩成平子但工愁(謂張哲堂茂才)未看別後書盈篋可憶登時月滿樓欲向西風問消息澧蘭沅芷不勝秋

西江原自桂林分曉日蠔蠏嶺上聞斥堠遠連番長國樓船空憶伏波軍荒荒瘴霧迴炎海渺渺知交隔暮雲猶喜故園無恙在晚來松菊自繽紛

喜晤王恭三同年至韶關又言別賦此以贈

客舟岑寂甚相見爲顏開芳草秋前盡碧雲天外來江月迎詩舫燈花照酒杯早知行客意度嶺首重回

晚望二首

岸屋攲斜野老莊數叢秋柳抱寒塘夕陽一片疏横影知道前溪夜有霜

尋常一樣江頭月照作秋光分外寒酒後花前等閒事未應留向客中看

十八灘

贛江之水利如鐵觸石爭撞勢將折奔流劃轉怒有聲三尺雪浪將舟齧何人鑿就十八灘江心巨石紛簇攢至今此險滅不得長年三老增愁歎我來積雨添新漲石角嵯峨沒高浪中流迴轉作盤渦舟人指視猶惆悵北望江湖深復深老鴉嘷徹古榕陰造物設險蓋有意對此可鍊行人心

蘇子南來說惶恐壯志消磨詎爲勇我今海上攜明珠光耀足使江神趨夜來寶氣徹幽都風前莫怪灘聲麤然犀相照非吾徒

泰和大令沈槐卿同年衍慶泛舟相送至廬陵賦此以贈

與子遠離別掉舟相送徐莫言一日聚縱勝數行書中澤苦鴻雁長江多鯉魚近聞書下考守拙意何如

連日北風起天涯將歲寒滄江向晚急遠樹入雲團客久思歸切宵深話別難明春桃李月相憶在長安

過黃梅紀所見作

淼淼長江北孤城舊日經凍來山更綠雪後草終青衆木餘生意羣峯儼畫屏沙明去鳥蹟隄起伏龍形曉霧冰花坼朝陽露葉醒菜畦寒轉茁菊圃晚猶零走馬莎痕亂多魚□氣腥浮家依短棹寄蹟等飄萍稚子窺牆

立鄉翁擁壁聽故衣形黯淡窄巷影伶仃憶昨車初過洪湖漲正渟頗勞
具舟楫何處覓郊坰漁網蒙高閣篝車挂遠汀殷勤問疾苦飄泊閔生靈
歲晚災方澹旌回馭暫停隴添新版築田認舊畦町撲被投荒店披衣上
短亭早餐人二舖薄醉酒雙瓶俯仰關民命周游感使星生涯憐細碎肉
食忝芳馨願附輶軒採歸陳
黼座銘降康惟樂歲長此頌
羹齡

余於辛丑歲請假南歸同行爲蘇君虛谷旅館對牀征車把襼唱
酬自適商訂多資艮時難得計相距已三年餘矣追思我友悵然
久之

每憶吾鄉蘇季子朗吟佳句挾飛仙秋風匹馬看山出暮雨荒村對榻眠

歲晚幾回驚遠夢夜寒何處聳吟肩行藏無恙花箋在惆悵天涯月正圓

乙巳十五首

春夜

檐前丁香初發花游蜂喧鬧朝成衙盆中海棠更嬌絕一枝綽約臨窗紗主人出游歸每暮粉牆上月驚棲鴉近鄰香氣襲鼻觀解醒安用龍團芽燈前倩影呼不出時掩翠袖慚嬌娃憶昨來京寄道院當春卉木猶可誇二花丰韻並殊絕開時燦爛如明霞道人種花不護惜往往攀折隨鄰家我時獨居感幽興撫樹躑躅匣咨嗟良辰美景豈易得年年芳草天一涯當時觴詠二三子聚散久如鴻踏沙祗今對此憶疇昔未免匆促憐韶華花顏窈窕尚可復飛輪一去誰能遮對花酣臥豈有極欲覺恨無晨鼓撾

戲贈唐子實

唐子讀書氣欲僊夜宿中庭不閉戶短檠照室寒且深箱篋圖籍交撐拄
有盜緣牆下窺瞷曬然一囊牛腰巨公然攫去出不謝不信扞掫有牧圉
吳綾著手冰繭滑越練臨風玉花舞先生晝出長安陌儒服稱身何舉舉
醉中顛倒不自惜酒痕狼籍汙塵土豈期胠篋一朝盡青氈僅存抑何苦
朝來日色瀉沖融處處游春醉羅紈先生當晝恆假寐朋儕邀約惟堅拒
浪說綺思今掃除口縱強辭心可覩伯韓侍御妙語言謂子倘失天必補
塞翁失馬穀亡羊待釋褐衣親袞黼甌生有說不謂然亾弓固楚得亦楚
若云小損當大益此意貪天天不許勸君出鏹買新衣陌上看花過好雨

送唐子實歸里

親知如北雁一一向南飛漸覺鄉音少尤傷同調稀關河恨修阻景物惜
芳菲招隱向何處桂山深翠微

唐子有書癖歸裝論五車名爭一字巧才富萬言虛知己贈長劍旁人嗤蠹魚不能上薦達相送意何如

登高望遠海

登高望遠海落日天際黃風塵黯原野衆山鬱蒼蒼極視大漠北下斷飛鳥翔忽覩元雲來起自窮髮鄉隨風舒素霙四散紛飄揚照作丹霞幄燦爛金色光壘峯排中天華蕚成文章須臾歘暝色四散如頹牆氤氳蕩元氣恍惚難具詳焉得兩黃鵠陵虛叩天閶

偶成

榆槐交綠草痕侵四月風光小院深睡起不知新雨過但言今日是春陰

朱伯韓先生新饒歌題辭

芳塘夜雨香發荷小閣兀坐驅睡魔書鐙如豆供吟哦鄰雞無聲夜蟲寂

乃讀朱君所箸樂府新鐃歌鐃歌五十章偉烈陳頗多我
朝
先皇楙神武以古相較百倍過君從
國史見舊本私家簡牒供爬羅芸窗疊賦日五色雲錦織字龍騰梭鼉擲
鯨呿露光怪氣燭北斗聲流河金石刻畫固史職君之才識難同科外人
相賞在文字豈識大義懸羲娥頌含規誨著古昔觀此猶念陳卷阿
國家開創在武略瀋陽舊起揮天戈興王要當本仁義亦有將材兼牧頗
承平數世猶肄習旗營勁旅紛番番攻無不克戰必勝翦除巨憝同么麼
百年安飽餘癏習耳聞金鼓言已訛憶昨海氛肆狼藉東南震盪滄溟波
幾令我
皇重宵旰年來沴氣方消磨樓船下瀨爾何力伺覘褒鄂慚冠峩多君具

此大作手官職又到金鑾坡大唐中興有元子尙紀崖石書擧箕斯文光
燄韓柳亞況紀
聖德逾元和願徵瞽矇被絃管取彼國子相研摩後來觀此念
大烈定有般武賡猗那罷讀危坐三距躍應知此意無蹉跎

秋日二首

誰云秋日至使我心神驚炎官方授節幾日東南行倐忽變素色發此淸
商聲夕陽高樹間尙有蜩螗鳴響急調復促爲飮瓊霜淸蕭然羣動閒萬
景增虛明物類旣如此吾心復何營

方春待和氣遲遲未言歸及玆涼秋至應候翻無違立秋纔幾日已卻葛
與絺夜深掩團扇明月入牀幃涼飆送虛響摵摵搖窗扉感此坐無寐起
整貧女機及時不爲謀歲暮將無衣

七夕

姮娥夢破秋雲冷碧蓮開徧天河影黄姑織女作佳期一夜西風動金井星宮露涼仙漏永天船無聲繫修綆珊瑚爲鞭起靈鵲架作長橋渡清迥別長會短情苦多仙語丁零夜方靜人間兒女鏡傳說欲覓龍梭探寶訣銀鍼彩縷玉盤中贏得蛛絲千萬結雲錦七襄苦費心天公不識離情深

天河

爲問天河水雙星奈爾何縱然風浪少終竟別離多

送彭子穆歸里

乙巳秋八月彭子將南歸自言上書客久與家山違去年寄汝陽骨肉相因依來止蕭寺中幸無臣朔饑朝出步廠肆不顧貝與璣剔蠹讀古書勘別論是非插架懸牙籤難逃目所睎我忝校書職所好亦庶幾招邀故紙

窮通人甘笑識所得各攜去丹墨無停揮謂言得久處賞析研其微誰知未半年倏此驪駒駢我居固惆悵子行尤嗟欷白露方改節涼風吹裳衣歸心如秋鴻已逐南雲飛子歸固可樂學道當自肥留子安可得待子及春暉

雨夜

獨坐東堂上宵深暑氣微窗前新雨過竹外一螢飛腐草溼雲徑老荷香染衣遙憐北牆下葉葉海棠肥

中秋對月追憶舊遊柬蔣霞舫達年丈蔣於次日續絃故末語及之

平生壯觀能有幾洞庭湖裏中秋月一從假館春明門夢裏煙波三載別去歲乘槎到南海玉宇瓊樓望清切海濱雲彩如黃龍半夜吐珠氣猶熱碧城天上捲簾看遙指花田花似雪今宵復此對冰輪小閣幽窗靜相悅

娟娟涼露侵羅紈，炯炯清輝照環玦。六街車馬鬧成塵，鳳蠟魚燈光可滅。
槩余兀坐渺秋思，舊遊湖海誰能說。豪情勝概亦偶然，回首風花去如瞥。
蔣子當年好遊興，亦有美酒酬佳節。知君乞桂待嫦娥，欲往邀君且中輟。

八月二十三日一首

閒官何事趁朝車，史館歸爲退食餘。薄海共安無事福，故鄉新得有秋書。
雷聲不共秋蚊歛（是夕聞雷），霜影惟看古木疏。但使攤書便高卧，敢言今日異
皇初。

浣月山房詩集卷一

浣月山房詩集卷二

內集　臨桂　龍啟瑞　翰臣

丙午十七首

人日同人小集梅伯言翁寓齋席間有懷少鶴言翁肴饌精美不俗時比之古文家望溪一派因稱爲桐城風味云

人日開筵酒滿缸桐城風味妙無雙敢誇詞客春盤宴暫免朝官玉珮撞喝道近知司隸貴（伯韓新署京畿道總城）談詩難得舍人降（蕙西近勇於爲詩）此情爭使王郎覺嚴鼓深鐙鬧茜窗（少鶴時就婚於衛輝府署）

夏夜

夕曛聚鬱氣繞屋炎如烝枕席雖昵人欲睡苦未能況此擾蚊蚋既寢仍復與陰陽熾巨炭膏液鑪中凝祗疑北海旁沍結無陽氷大星照屋角閃

掩光有棱不見元雲來但覺涼月升餘炎晚猶健清露安能勝天乎豈吾爲衾此黎與蒸何惜降滂沛萬枕酣瞢騰

六月十二日黃翁直生日也薫西見約不赴旣以詩見示聊復和之

苦熱燕燕晝居室良友招邀不肯出誰知勝會非尋常恰與涪翁作生日涪翁去今七百年西江宗派何人傳具體漫誇陳無己苦心惟愛任子淵君今作詩好生澀如舉雙礎歷蔗汁辦香私祝知有在分甯法嗣茲其嫡甌生近復學老坡波瀾莫二江與河要挽橫流鎮滄海肎與俗手分謗訶當年滑稽老蘇子詩成亦效山谷體君今學黃得大都我才辨與蘇作奴淵源自與凡子異莫倚門戶論精麤今朝惜欠涪翁拜得見君詩翻一快待坡生日我主之爛熟花豬飽君喙

寓中小園順德梁生信徵攜子誦讀其中賦此以贈

莫道檐低足礙眉疏窗短榻興君宜適來廡下鴻堪寄自閉帷中董不窺
春館檢衣思母處秋鐙攤卷課兒時相期更宿瓊林上暫是安巢借一枝
高齋竟日擁書城更喜君來得友聲旅館光陰催客子朝官風味是儒生
欲知節物看瓜蔓莫厭常餐只菜羹況有佳兒可人意朝陽喜聽鳳雛鳴

偶作

車中頓磨臂生疥日旰歸來如負債窗前故紙漫爬梳暫得新知翻一快
心中百事如棼絲十不一記九已遺空使旁人笑書癡官職未繁身未老
抽閒讀書須及早鶤雞一唱霜天曉

秋夜

夜深涼月半牀明落葉兼風作雨聲霜柝漸繁蟲語寂怕逢秋是此時情

蕙西舍人兄賦諸朋好詩以一章見及因仿其意用工部飲中八仙歌體合賦一首其人以在蕙西處會共讌談者爲斷故視原作有損益焉

宛陵先生（梅伯言翁）老爲郎，纔刻道妙成文章。圖籍飽飫如嘗粱，南豐翰林（吳子序前輩）譜三禮，滔滔辯說車翻水。高坐談經顏不泚，誰歟健者馮敬通（魯川比部），閉門獨宿稱齋公。仰屋但恨詩能窮，吾鄉侍御（朱伯韓前輩）無言說，一卷文書對冰雪。衆中寂坐若不聞，有時議論長風翻。舍人（蕙西）傳經味道腴，中有所恃神不枯。美哉黃子（子壽進士）羅書廚，問年雖少學有餘。曼膚緩步神邃遹，何郎（願船比部）奧博窮坤乾。劉子（椒雲學正）竟日勤磨研，城北叢靜如枯禪。嶺頭梅花行未已，楚澤詩人臥江水。歲云暮矣風雪深，我所思兮兩王子（少鶴子壽兩農部）。

小園

去日讀書處小園花亂開三秋容易過十日未曾來露積蒼苔徑風翻雨葉堆禦寒應早計蟋蟀漫相催

得家書作

錢塘去京幾千里更向錢塘渡江水海濱風月對高堂日下煙花送遊子遊子辭親三載餘但願平安常寄書眼穿南雲望不得衹怨江頭雙鯉魚昨日書來報安好更言海國秋寒早八月龍風吹瓦翻震盪滄溟駭魚鳥天涯更比北方寒想見紅鐙語夜闌團鑪細共家人說更對鐙花子細看

少年行

長安二月桃李新紫裘駿馬驕青春不知官寺在何等亦擁斕幰乘朱輪道旁瞻望無所惜意氣高於十丈塵薄暮入酒樓連聲喚供具酒家驚怖不敢前似笑欲言更瞻顧博得今朝一醉歸明日策錢府中去歸途相遇

何匆匆車前儻遇諸葛豐

讀唐史四首

安業坊中夢雨回龍漦入室夏廷衰綠衣妒寵謀終拙自遣雲車召夜來

夜半宮中一斛珠逢君休怪李猫談司空亦誤公家事枉費當年翦帝鬚

顧命元功遠遜荒冶容佳士兩相妨可憐垂歿君王詔不敵宮中武媚娘

往事吳王訴帝閽黔中投老亦無言潭州再謫緣何事劉洎由來未是冤

東坡生日集劉寬甫侍御宅分賦

老坡當年衆所嫉海濱無地容築室誰知到今八百年更與老坡作生日江山風月長如此玉局仙人元不死東海桑田旦暮間化身入世今誰是彭城侍御風流伯心與古人稱莫逆朝來熟釀甕頭春要爲蘇公徧觴客蓑衣大帶笠屐圖惠州石刻衡山摹東坡七集世罕見玉軸壓架香盈廚

鞠躬再拜敬展視望中雲鶴款可呼他時江海供嘲弄可憐田媼識春夢峴首應懷叔子悲潭邊大有湘纍痛命宮磨蝎理或有未礙名山躡飛鞚我今舉白欲浮公與公追逐爲雲龍赤壁磯上不易得試問此樂將毋同座中名輩晁張敵談辯機鋒如電激往事今情那足論從公飽賺花豬喫

留川比部以歙石見贈爲報以詩

鯫生弄筆墨文字嘗馳驟常苦堆案煩匆遽不能鑿石墨相磨研見拒如骨鯁每思良硯材獨抱心耿耿馮子磊落人目光射清炯相石能見骨不獨照斑瘦書齋斥其餘贈我伴佳茗蕉白澁而膩琴式端且靜試之頗宜墨香汁發俄頃便當了十扇勢欲飽千穎惟我卞急性遇此始得遏比之濟時才質地或粗獷有懷坡老言寬饒未嫌猛作詩報嘉貺褊性亦自省

丁未二十四首

秋鐙課讀圖爲馮小亭培元編修題用吳笏庵前輩韻

馮君騎馬天街走奪得錦袍歸拜母鄰里今知學子榮棗梨空記摹兒醜當年破垣沈劍氣已動良工覷星斗誰知國器妙陶鑄母德師資蓋兼有秋堂露冷鐙如豆夢回書味猶在口壯志爭看髫齔前苦心幸酬荼蘖後玉堂母儀談歐柳想見含飴今白首承歡膝下家有婦喜君更得閨中友

上元

新年忽忽花前過又見今宵作上元晚市漸聽人語鬧鄰兒爭逐爆聲喧遠思堂上陳餻脯猶憶宵分共話言今歲沂鐙應更好最關情處是諸孫

買書

千金買好花春盡花自落萬錢沽美酒飲罷興亦索千金買侍兒色衰恩愛薄不如買好書相對無今昨日與古之人來往相酬酢我與日在東書

睞散簾櫳我睡月在西書鐙光灼灼有時良友去風雨增寂寞開函召之來相對頹不惡有時黃金盡兀坐少歡譆展卷讀其閒忘彼藜與藿是爲持健方亦號醫俗藥人生貴適意靜躁欣有託敢向道塗者傲我閒居樂差勝游俠兒繞牀呼六博

邵蕙西舍人同年以正除六品官不得與禮部之試作詩自解其言閒者足戒且深有動於余心者賦此答之

阿㜷弄孫錢滿地臥閣晨粧耀珠翠日高三丈擁黃紬出有快車從有騎丈夫得志有如此焉用文章取科第邵君本是廊廟才欲以經術弋高位十上春官不見收世自失君君不愧會從樞垣得膴仕遂辭藜羹親鼎食誰知正除六品官一朝斷卻南宮試人皆誚君畏三北我獨善君擇兩利虛名那如美官好得者況難失者易佗竊帝號聊自娛晉失王官巧相避

穴中羞爲兩鼠鬬壁上漫觀羣兒戲長篇大紙放厥詞十載鬱湮吐腸胃
賤子分在嘲罵中如棒當頭水澆背科目誤人害已久悉數其弊難一二
大都務名不務實買櫝還珠知幾輩言雖過矣匪無由世實有之焉用諱
賤子亦是磊落人墮地已有幽燕志海濱偶學任公釣豈意六鼇隨手至
學則不稱君所恥時以古訓相磨厲庶藉君言用自勗反脣相稽諒無謂
君有一失故當省知白守白道家忌玉不自獻庸何傷多言嘵嘵定非貴
黃雞正肥春釀美會當就子博一醉

寄懷王子壽

悵望春來鴻雁音片雲飛夢楚江潯似聞邑子傳家法誰與先生伴苦吟
懷舊豈無招隱賦歸田猶有濟時心太倉分粟成何事羨子高飛不可尋

贈蘇虛谷

古有眞詩人逌然具高旨清夜聞歌聲棖觸不能已低迷萬柳條水面微風起菡萏抱秋香清露來相洗娟娟涼月上照映淩波子可遇不可求君才固相似四載家園道音訊遞江鯉春風吹客來高步蹈燕市臭味别芝蘭容光耀桃李相思阻重城邈爾隔千里文書青鳥至酒食烏鵲喜何時攜新詩顧我敵玉齒

贈李鼎西

名場舊伴今餘幾總角論交惟短李短李聲名二十年詞壇鞭弭相周旋自言本是謫仙後一飲斗酒詩百篇燕臺雪花大如手蹇驢破帽郎當走扣門相過尋主人覓得香醪便入口巨觥相酬未厭頻凍僕僵卧何嫌久出門酩酊便不知明日過從更呼酒此人當世不可無此樂今朝難復有幾日春風送計車追思往事十年餘風塵萬事不挂眼惟有飲酒豪如初

君不見豪華第宅須臾變長安歲月如奔電眼前舊好如晨星落落他鄉各異縣花前執手宣南坊春星夜落清琴張書堂共此鐙燭光家貧酒薄君其嘗狂奴故態今勿忘明日看君馬蹴忙錦袍猩韉宮花香會當一飲連十觴天末故人遥相望應難頭顱今日强末句用本事

偕唐仲實韋詞丞妹婿家雲程兄同游城南誠氏花園有作

長安塵土窟出門靡所向頗聞城南地遼眺極清曠朋戚二三子骨肉同輩行披衣動游興微雨未相妨西南出城郭所見已殊狀東風吹萬綠高下淨如浪晴光動葉背偏反自相宕寒蔬護短籬茁露鮮且壯地平失險巘樹遠得高望扣門無主人清景若相貺朱欄渡小橋鷺起游魚漾春波作明鏡詭足浮蜚舫芰荷出舊根蒲菰冒新漲頗懷湖山游但少漁兒唱憑虛得水亭勢出衆邱上丹碧紛在眼俯視無盡藏是時新雨過流鸞引

圜吭隔牆聞歌聲寓目見耕餉依依野煙起汩汩秧水放遥知雞犬樂近喜魚鳥暢却思在城市眼界失高寛茲游得勝地一覽神宇王惜哉遠城市未得移家傍亦知非吾有坐久行復悵數君固多暇乘興當復訪

和蕭山相國游龍杖詩

游龍本小草爾雅因箋註秋花爛漫敷狼藉委霜露一入相公眼不共蓬蒿仆培根老其材用作扶持具拂爪鏗有聲皮堅節不蝨修若頼蚪尾勁比蒼鶴跗邛竹遜輕矯流憩得健步誰知蕪穢餘有此良材寓細思物之生見用蓋有數何憂衆木棄但得良工顧葑菲采下體凡卉欣榮遇我公廣大主門下槖材鑄神奇化臭腐深意憐寒素遥知千載後奉杖起餘慕

飛雲洞圖爲潘星齋曾瑩同年題圖爲戴醇士師寫

憶昔龔子滇遊歸我心已有飛雲洞同年龔靜軒癸卯曾典雲南鄉試西南天險不易到

洱海諸峯曾入夢君今使節行萬里大異張騫祇鑿空歸來寫向畫圖看雲氣輪囷鬱高棟仁簫飛翠羃林表細覺輕煙生石縫行客蒼茫駭玉龍仙子聯翩跨白鳳前言在耳知不妄奇觀到眼猶能共我昨曾登大庾嶺一線奔流繞章貢是時濤曉旭景升天半羣峯開霧淞橫空白氣如匹練勢束青袍端且重錦屏芝蓋森欲移風檣陣馬紛相送曲江丞相招我遊縹渺仙祠引飛鞚頗惜當時無紙本靈境已逝誰能控多君得此荊關手象罔冥搜萬奇貢異時我作梅嶺圖應請吾師發墨瀋黔南江右兩如何留待龔子評伯仲

六月二十一日歐陽文忠公生日也蕙西同年召集其齋拜公遺像同人卽席分賦得章字

去年山谷作生日邵子好事賓筵張維時火雲冒朱鳥未肯觸熱來奔忙

今年復此壽永叔遲十日耳天已涼千載維公可人意一雨煩暑生淸商南榮正敞風露入紈扇不用蠅蚋藏至人燮容公所寧復有淨室凝淸香歐齋蕙西在廬中奉公像處遺像奉晨夕撫琴撰杖知難忘公之斯文在萬古海嶽壽並星日光當日聞聲夜作賦秋氣早入讀書堂蕭然易朽念形質如草木矣寞何常乃知賢達感物化掩抑未異騷人腸及其致身在朝列奮筆彈枉干風霜臣之頂踵固不計虛名殁後寘粃糠夷陵滁州雖再謫卒登政府棲鸞凰文如韓蘇命則勝豈慕膚福趨平康長目美髯世難見幸有元氣存篇章座中嘉客宛陵裔餘與張尹謂堯夫師魯公七交詩所首及也相頡頏作詩壽公儻不惡醉翁一醉歸帝鄉

奉和伯言翁中秋憶昔遊之作

滾滾年華逐水流故山仍憶桂香稠鯤鵬自擊三千里鸞鳳應棲十二樓

曲巷笙歌宜永夜，玉堂燈火自清秋。饒他風月繁華地，付與詩人感勝遊。

桂山秋曉圖蔣譽侯前輩屬為尊公黃閣太夫子賦

桂嶺如簪江如玉，吾廬正在江之曲。高樓捲幔乘清曉，岫色波光照人目。憶昔我公持節來，黃閣公以嘉慶己卯科典試粵西 袖有新詩奪山綠。詞曹高致渺湖海，試院豪吟掩城谷。敝邑裝無千金贈，為戀山水看不足。及門吕子培 知此意，摘取秋光入卷軸。金鑾長隨使節歸，玉堂舊伴仙人宿。館中先輩競題詠，老郭春山企芳躅。風塵回首覓飛輪，三十年來如轉燭。淵源我亦繼升堂，家君以是榜鄉薦出公門下 況對烟霞憶故鄉。羊公一去風流盡，秋雨庭階生夜涼。

目疾廢讀賦此遣悶

吾生本書淫，効用惟在目。一日過萬卷，於願蓋不足。朝來紅紗幛，礙我光明燭。趨暗而惡明，閉一難用獨。時疾在右目 終日但危坐，展卷不能讀。方其內

熱時如饑對粱肉又如好飲人渴臥憶糟麴人生百年內何者非嗜欲愛緣暫相染邪正實一族何當盡屏去內視守眞樸庶幾還本來瞭焉清如玉

書齋夜讀

十年席帽走風塵到此方知道味眞夜雨作寒詩境界孤燈照讀字精神尋書肆上無虛日得句花前不負春但願太平無一事未妨薄宦是清貧

朱伯韓前輩將請假歸里出其尊人詩卷索題勉成此章卽以贈別尊人分守韶山公嘉慶十八年林清之變以知縣守濬城有功德於民者也

公昔持刀出殺賊意態雄豪百夫特歸來奮筆寫新詩猶是淋漓盾頭墨長箋投贈者誰子故紙仍歸家師得觥觥臺省稱二難想見還書遵教敕卷中系贈某太守詩有我有家師嬌養慣多君指點出蓬麻之句卽謂侍御與其弟容安比部也遺墨飄零萬金重英光

晃蕩三辰逼長君西臺不稱意潞水蒲帆挂秋色會當藉此壓歸裝江上
一樣知舊德異時家集儻編成寄我全窺豹斑黑

贈何子永舍人同年二首

城西古寺無車音中有高人襲蘭襟閉門寂寂子雲子雖處城市如山林
長安冠蓋不挂眼惟有傳癖兼書淫宋鈔元刻手自校典衣購置無兼金
眼力坐費不自惜偶得一義珍璆琳邇來謂我有同好時復枉駕相招尋
細談文字契軒頡掃除障翳開盲瘖先儒詁訓有成說實爲六籍鈎其沈
有宋諸儒最晚出錯雜水陸登炮燖令人飲水知水味功有並至難獨任
妄分門戶競排軋未解博采收蘀苓吾儕讀書貴融貫如飲美酒能平心
不然撐腸五千卷白首豈異書中蟫所嗟努力失少壯未免歲月來相侵
緗書疑義信手得往往掩卷思沈吟朱墨點竄未盈紙起視日腳流花陰

君言至此我怵惕吾亦志學方自今劃分漢宋詎肯爾勉策駑鈍眞難禁
見君不恨聞道晚要使萌蘖成高林他年從子問奇字歎息始識阿蒙深
寠人僵身賈胡側珠貝耀眼神先惑村兒忽饗八珍筵未審下箸將何食
半生苦恨不讀書到此讀書了無得世間能有幾少年對酒吟花自雕飾
不然埋頭故紙中老作雕蟲兼篆刻眼看東流不復西心知白髮終難黑
惟我與君方壯盛生天幸有良知識要須植灌成菌芝勿使蕪穢生荆棘
君不見洛陽名花燦如錦荒年豈足當稼穡珠樓少婦繡龍鸞不如貧女
機中織勞多工少亦可愛總勝高眠費日力往不可見來可悔後有能者
當自克知君更爲子孫計要使一經堪華國

北河

當年曾此聽燕歌逆旅還知舊客過兒女滿前詩興減庭闈方遠旅懷多

重陰連日天將雪大澤生寒水不波敢向征途怨勞苦風塵回首醉顏酡

歲春夏之閒河南北大旱赤地千有餘里乃者道經斯地見田閒二麥蔥蔚知秋閒已得透雨用是糧價騰貴而人心帖然豈眞民氣之醇樸乎抑聖心之感格有以致之耳欽幸之餘遂成斯詠

今歲河南北深爲旱魃憂恩言方夕降甘醴已晨流詢之官吏云恩詔甫下卽得澍雨二麥初成種三田預有秋誰言天道遠與聖適相酬正爲軍儲慮時新疆有安集延布魯特之警頻聞賜賑金要知綏遠急不及愛民深舊日門皆閉今朝突轉黔雖難免流徙

終足繫人心

陳忠愍遺研歌為方伯唐公子方題并序

硯為明末順德陳忠愍公諱邦彥故物左側有雪聲堂四篆字方伯為孝廉時隨侍粵東假館羊城得之市上時尊人自清遠受替歸舟夜夢有偉丈夫來謁曰余生平有心愛物今在君家既而尊人至羊城語之以夢適與得研之日相符合清遠為忠愍殉節處其英靈不昧若此余既從方伯獲觀是研因為詩以報之是日同觀者為王子壽比部郭雲仙黃子壽兩太史云

吾聞今人中乃有唐子方一官強項去不顧大吏避席翻慚惶開藩到楚年五十精神健悍須眉蒼平生萬事不挂眼但寶一研千金強故明忠臣有遺蹟兵火劫盡餘堅剛羊城市中信手得魂夢已搆孤舟傍英雄到死

百無戀爲愛片石留滄桑隱然託付到君手藏之豈異雪聲堂我思當年伏闕來上策揮豪落墨多慨慷又思流離奔走兩粤地飛書馳檄何倉皇忠肝義膽凝爲萬古不壞之拳石上與日月爭晶光不然山崩川竭九鼎徙此研應與塵劫同銷亡試觀妾辱子殺之六字（公手札中語）身後微物焉足當豈非鐵石心腸亦有寄況是埋血之所精魄猶相羊多君家世累清白要使閭人傳世常芬芳我初未識君宛陵（謂梅伯言）爲君道其詳今朝識君見君研宛然太古之石直而方坐中三客皆豪儁林宗之外黄與王酒闌燈灺同聽雪撫物弔古思茫茫

送黄子壽同館自江南入都

黄子於書無不讀三萬牙籤藏在腹體充行步更舒遲誰料清齋食無肉平生自有四方志要覩雄飛恥雌伏邇來命駕作南遊欲走炎荒窮地軸

昨宵堂上附書緘兼寄新詩淚盈掬男兒萬事有輕重肯縱遊心忘鞠育
君停方伯妙解事謂子盍歸詎當卜嶺南蠻獠未宜驂江左雲帆差可逐
渡淮飽喫春菜美還京好趁櫻桃熟豈惟遊子快桑蓬亦使高堂安水菽
別酒剛從雪後斟扁舟已向沙頭宿我見君行轉生羨飽看名山關眼福
黃州雪堂天下少采石高樓古今獨曉日尋幽彭蠡煙晴風送匡廬瀑
西湖水色如人面茗霅山光近天目心遊神往幾何年今讓先鞭惟子速
況我高堂在越海萬里雲山羈宦躅家寄天台雁蕩間夢同娥水胥江曲
羨君歸去共朝車纂紀班行看立鵠東游如看浙江潮好寄平安當報竹

送朱伯韓前輩

黃葉飛時君始歸方謂遠別從茲始誰知今日武昌城我作主人君過此
人生聚散豈有定偉哉造物真奇詭我持使節辭燕市昏宿晨趨少停軌

君乘大舸江上來看盡東南好山水丈夫壯遊乃得意歸帆可傲軒車美多君有才號國器經濟博通世無比臺垣矯矯鳳朝陽諫牘泠泠霜入齒聖恩寬厚容戇直臣心淡泊思田里憶昨朋儕開祖餞幾輩太息中坐起惜君無計可相留梅老新詩見深旨我亦窺君隱微意獨未相從勸之仕貧郭雖無田可耕傳家幸有書堪理䍐䍐講堂秀峯下學徒莘莘盛冠履君歸邑子得模範定見英髦相繼起況君好賢本天性突過昌黎薦侯喜比者同舟得二陳（毅叔廣夫兄弟）稱道名聲溢我耳吾鄉自是不乏才能左右惟君所以楩柟蔽日不夭生往往噓植由尺咫君才未竟霖雨用定有陰功到桑梓我送君行頗自慚名山事業安能擬遙知天外望冥鴻翹首東華歎者幾

戊申三十六首

和邵蕙西同年大雪懷友人詩

憶昨飛雪圖征驂我持使節初來南輿前抱負小兒女黃綾裹首如春蠶懸想京中早朝客凍入兩鬢紛鬖鬖誰知直廬有幽興咀嚼險韻聲喃喃長篇細字書示我如諫果澀能回甘梅老深情有同契追君逸步爭趨譚可憐佳會感寥落或赴絕塞趨江潭歸焚諫草者誰子我亦出使疏朝參人生惜別畏一再至五六矣情何堪豪鳴縱有大鳥二望益已失羊求三知君難韻互往復聊藉吟事當雄談我來鄂渚未三月已覺別味能深諳朱伯韓王黃雨子壽子遞相送遠望江湖歌采藍外閒長友更難遇不比京國猶盍簪今來使星溯襄漢桃花兩岸春波涵讀二君詩頗心醉聽覆不御香醉酣

舟中閱文有作

日長堆案强磨礲喚雨鳴鳩識楚風文字豈無江漢氣佳人應在蕙蘭叢
談經劉子謂椒雲今無敵拔劍王郎謂子壽二君皆楚士之尤也句更工常恐淵源負知
己夜窗重剪小燈紅

贈羅生 汝霖平樂人

羅生三年遊燕都長日閉門惟檢書城南里巷多筵竽過之不留一好無
胥來同居味寂寞案頭從事蟲與朱我時官閒百無事靜對六籍窮朝晡
寓中小園頗幽邃雜列卉木清而虛順德梁生信徵喜相就捲書襆被攜其
雛生得同志更怡悅如魚處涸以沫濡深宵涼月照窗樹卧聽書聲來貫
珠夢中惟憶總角事醒看燈影猶模糊忽然槐黃滿九衢梁生負笈歸海
隅生亦去我適厥居時來過從文字娛誰知天道巧作合南服奉使乘軒
車生來入幕無忤色談經問事時起予行廚公膳亦儉薄殘盃冷炙無愁

吁夜堂燈火共分校難字過眼纔須臾風前忽聽雁北鄉音信久與高堂疏未知眠食果何似雲山滿眼空踟躕人生至情有難遂我猶反哺慚慈烏願生學成歸里閭禰彩紱帶行于于黑頭翁姥爲軒渠還策驥足來馳驅我時當返承明廬騫翔梁上討或與俱厥子幼學亦璠璵芝蘭我以一室儲仍開藝圃芟耘鉏新知舊得恆相須安能退之籍湜如師友名分爭區區生其識此無忘初

舟夜聽雨

澤國春深穀雨時艣聲帆影楚江湄故園應報山茶熟十載征人未得知

阻雨

日日江頭繫使槎蓬窗厭聽雨如麻傍隄人放秧田水隔岸風翻野草花驛館山蔬肥筍蕨野橋燈市賤魚蝦平生慣領煙波趣清夢常依楚水涯

安陸賈翰生太守築護城月隄方成而余適至喜而賦此以贈時隄未有名余謂他年當采白傅蘇公故事名之曰賈公隄此理之可信者也太守方待王子壽比部爲之作記並書以詒之

古來賢守白與蘇築隄捍水錢塘湖至今名姓在人口野人游女還相呼賈侯治郢分虎符郢門地形如仰盂漢水直走城西隅大隄百里交縈紆秋來盛漲或相踰直灌郊野入其郛五達市中行舳艫人家溝瀆生菰蒲求魚往往緣枯株吏民驚走牆上趨公躬治事乘筏桴或怖而隕及泥塗如此月餘患始除君度地形籌遠謨南山有石野有蘆築以柔土堅城如椎聲隱隱倩千夫始於農隙畢春初長虹百尺延周阹春流曼衍防不疏居民萬井安其廬南門夏屋成渠渠或搆其旁爲官租脩築可備十年餘時隄新成居民知水患既息可免遷移之苦南門外新建屋十餘椽君又識即署旁隙地爲官屋出賃以作隄工歲修之費誠美政也　願君

沿堤植芙蕖間以楊柳羅前途行春五馬閑且都路人遥望手加顙買公使我常厥居獻以美名頌非諛白蘇往事君無殊王子作記嘗董狐試諗我言良不誣

孟亭 亭在太守署中王摩詰過郢州畫孟浩然像于刺史亭因曰浩然亭後刺史鄭誠謂賢者名不可斥更署曰孟亭事見唐書本傳府志以王維爲李白以鄭誠爲皮日休無稽之言未足爲據也

不見孟夫子亭前空復情好賢傳小像懷古易新名雨過襄山遠風來漢水清明朝度江峴應訪鹿門行

贈幕中諸友

鎖院深深長綠苔游絲百尺傍牆隈不遨坐瘦非無肉黄山谷武院詩坐窗不遨令人瘦共賞多奇只愛才但有文書驚客睡已忘花鳥報春來何時得放青驄騎桃李風前酒一杯

贈劉生 藻青鍾祥人

人子貴知醫求藥躬拜禱刲肝與割股虧體親所悼古人制禮經未敢垂
常教惟天鑒至誠肅衆安敢斁我昔過皖城侯氏有奇孝刲肝幸不死事
往名猶噪頗惜人已沒無因訓頑驁乘軺來楚澤郢士首登造頗聞劉生
賢守令繼相告謂其遇親疾割股以爲療天爲全其疴今健猶未耄青衣
困童子小試屢毷氉我聞極詫歎物色私自料謂吏若生來先覿幸相報
果於堂下立遂識磯茂貌直樸溢面目被服罕光耀始知至性人跬步亦
慥慥文章乃末技大節誰能到我忝司使職意欲風學校翹然擢榜首崇
重比珪瑁方今
大聖人錫類宏覆燾生賢應徵聘宜舉貢天廟顯揚文字力磨鍊須稍稍
神將介爾福通顯進非冒異時著宮錦洗腆當用酬

襄陽古樂府二首

野鷹來 劉表治襄陽築臺沔水南好鷹嘗登此臺歌野鷹來曲其聲韻似孟達上堵吟見水經注

野鷹來江之側殺氣蕭蕭生兩翼野鷹來臺之下攫搏摧拉有餘怒平原淺草曾幾時秋風颯颯吹棘枝草間狐兎覓欲盡野鷹颺去家鷹飢河北有妖鳥九頭而善鳴夜飛洛城旁使我兒童驚汝獨過之不敢顧偃然晝睡闔其睛野鷹來飛來空歎息羽毛豐滿自高飛安能從汝相求食

上堵吟 魏文帝以孟達爲新城郡太守治房陵縣縣有白馬塞達嘗登之而歎曰劉封申耽據金城千里而更失之乎爲上堵吟音韻哀切有惻人心今水次尙歌之見水經注

晨登白馬塞北望見中原伊洛百戰地萬古煙塵昬匹夫得尺土植荆爲藩垣牧我豕與羊狼虎不敢吞如何千里金城地一旦功成還與人我今一歌上堵吟當年遺老爲悲辛

襄陽懷古詩八首

隆中

臥龍山勢走蜿蜒末漢宗臣古蹟存功業自知關氣數英雄何日整乾坤
奇才可冠三分國遺憾終虧五丈原魚水君臣空契合蒼茫天意轉難論

仲宣樓

通倪才人可自知平生飄泊感爰居雖然畫餠中無實豈料囊錐志竟虛
末世名流半羈旅府門多士幾軒車知君早定依曹計惆悵臨風浩歎餘

夫人城

晉朱序鎮襄陽苻秦入寇母韓氏登城履看謂西北當先受敵自率百婢築月城於內寇至外城果陷退保月城衆賴以全後序以失計陷城歿於虜淝水之戰從而逃歸仍都督襄州軍事

百婢喧騰萬杵音預防西北計何深試從淝水歸來看應愧阿娘枉費心

黃叔度墓

東漢尚節義羣材鬱貞姿黃生生愼陽矯如鳳來儀置之流輩中不激亦不隨所以太原郭目爲千頃陂旁人勸之仕笑應初不辭暫時來京洛素衣曾未緇不知幾何年卒葬茲水湄或云訪王逸此事容有之我觀漢川水瑩徹鑑鬚眉宜與生量同澄攪無增虧是以樂此鄉投老甘棲遲鳳皇異鵰鶚隱見固有時他年陳仲舉白首含餘悲

宋玉宅 在宜城

冠世才華後所師渚宮舊宅兩傳疑芳鄰異代邀王逸同學當時陋景差入夢豈關神女事悲秋如覩變風辭江流難盡騷人淚除卻三閭那得知

龐德公故居

峴南高士地千載繫人思不答邦君顧惟耕沔水湄但欣衡宇接時與素心期相過無賓主歸來莫厭遲

魚陂千石未全貧暢好園林漢水濱異代尚留山簡醉侍中豈是獨醒人

習家池 在峴山南晉侍中習郁舊蹟

峴首

典午名臣今可數堂堂事業推羊杜軍容整暇見裘帶大敵倉皇鎮樽俎
勳業文武必兼資聞望後先堪踵武試思彼於身後名何異鵷雛視腐鼠
胡爲登山與沈石意恐泯滅隨邱土兩公鑑人如水鏡詎有身後難逃覩
至人雖詣不矜伐何用憂心生仰俛乃知賢達有深意特藉高風曉愚魯
巍巍豐碑相繼立當時過者觀如堵陵谷變易三千年廟食穹窿鎮江滸
英雄用意誰復知人世悠忽自今古

過鄖縣南諸灘作

浪花如白馬前後互淩跨怪石如羣羊頭角分相亞銜突自不平跌宕會

未暇兩雄猝相遇百戰莫育下陡立似驚虓噴薄如怒駡轟豗集衆響餘噫雜悲咤而我挐舟來翩如投其罅譬彼兩敵鬭閒道聊可借鏗然一篙落瞥爾輕舠下當時意甚壯回首呼可怕因念西來時寸寸挽强弝及今出茲險猛箭脫弦乍難易固有時水性安足詫灘神爾何靈曰用賽酒豕

舟中苦熱

六月三伏晝如火船上兀坐甘薰蒸清風向不一錢買至此始識箕伯能北海層冰安可得日傍蓬窗看水色漁子嘯傲溪潭深我欲從之白鷗側

贈龔生 名鯤yi宜城人

昔者尼山之言豈欺我孝弟之至通神明古人已往不可作世有賢者推龔生龔生少孤孃在堂江流暴溢聲湯湯咫尺洪波避不得無人哀救涕泗滂腰絙坐繫棺之側回頭却望門前路已覺江深不可渡精意當由人

感通蒼茫自有神呵護孤兒始學方成童儒冠峩峩來泮宮至行早出儕輩上文字豈與流俗同拔萃之科古所重我欲得生備時用
朝廷養士有如此何用區區誇記誦龔生龔生四十餘驥足屢蹶今其舒科名天若巧相儲我挈而予何力乎人生忠孝爲本圖大節立矣該其餘生其實此明月珠一瑕亦足掩全瑜下帷有時還讀書益以古訓宏遠謨龔生乃今眞醇儒

舟行漢沔閒有作

重湖相隔水連天百里長隄一綫牽澤國居民渾慣見半年滄海半桑田

獻陶鳧薌前輩樑即送其升任甘臬入　覲

文字有因緣館閣重前輩一十八科名倘有典型在先生老詞伯名字溢海內早年張三影妙手已無對一朝辭帝闕出守銅符佩宦途有升沈時

運遞顯晦紛如浮雲過此心了無礙惟有晚香詞到處盛盤敦先生有晚香和詞蓋守大名時取韓魏公句以名其聯吟之作自是宦轍所歷無絶響焉昨持漢黃節卧擁臨江隊詩人得善地手采劇可愛卓薦方未行申命忽又逮陳臬到甘涼老材鎮邊塞我時輟試事良晤喜一再咨訪到故實評量翻夾袋事有今昔殊悉數發屢慨先生觀物眼閱世如蒼檜紛華久已卻壯志難自廢留别有新詩熱念吐肝肺以此嘉謨告一氣符沆瀣西北國要服刑憲兼教誨公材本鎮靜法令黜瑣碎懸知使車來羣頑甘雨溉政成邊氓靖樹賞膺

帝賚他年老充國

朝端見風概

答邵蕙西買書見寄之作

驀作朝官闕書癖黃塵踏徧長安陌日旰難教負手回滿載時嫌敝車窄
君如賈胡頗識寶謂此所遇皆糟粕眼高值錢市者難或計寸錢遺尺璧
誰知愛緣不易斷往往歸來復自惜憶從奉使出都門孟浪揮金失此客
君得休沐便入市沙裏還金妙柬擇敗篋破紙時遇之購得其一抵千百
作書告我詞近夸亦料巧偷難奮翮夢想琳琅插架間一一賭勝誇新獲
寶山同首富煙雲領下驪珠幾人索宛陵先生造平澹五車富擬楊雄宅
新詩爲子戒多藏考古實資二三策賤子貪頑豈易除闕寶終上波斯舶
他年歸去擁百城看子虛室生生白

送羅聲谷旋里

涼風一夕起秋心旅館朝來動越吟爲有高堂留不得離懷空寄楚江深

晚坐

暑冷如冰頗自宜晩衙人散漏聲遲遥聞野寺鐘鳴後静對高樓月上時
雨後雜花黏老樹風前落葉捲秋絲玉堂寂寞神仙字欲采芳蘭寄所思

黄州試畢客有欲訪東坡赤壁者賦此贈之用蘇公定惠院寓居
月夜偶出原韻

堆案文書醫晝眠晝堂官燭悄長夜坐看蛛絲走檐隙卧聞飢鼠鳴牀下
局門校士兩彌旬渴懷思向雲山瀉區區一幕容衆賢新詩足繼陶韋亞
玉局老仙去我久黄州風月肎相借赤壁蹲江咫尺耳不往空笑游山謝
試登高閣望東坡想見誅茅安旅舍明朝試畢放山行待尋佳境如啖蔗
陳迹已往吁可憐巉巖一登豈復怕道旁儻遇遺珠客罩眼紅紗任譏罵

遊者爲言東坡赤壁諸勝惜不得往賦此記之

玉局仙人舊遊處山川草木含清光齊安古郡大如斗斯人一去留餘芳

我來試事苦匆促蠟屐欲往焉能詳諸賢於此興不淺幅巾出入容倘佯
披圖指點爲我說令我興發思微茫赤壁近江若培塿伏龜下飲低不昂
棲鶻危巢幾曾見何況餘烈誇周郎安國尋春訪遺迹賸有花木圍禪房
老僧閉門晝何往木魚傳飯聲殷廊東坡囘望滿斜日細草亂拂黃茅岡
臨皋亭空何所見木葉下共飛鳥翔想見髯翁好游興淮西邱壑卽吾鄉
老饕但有千畝竹結習未盡三宿桑自適其適在我耳豈知百世之後還
弔來荒涼吾儕望公若騏驥爾雲一往趨天閶下視泥中所踏處尚令跋
龍來奔忙君不見當年潘邠老與馬正卿相與奔走營雪堂至今名姓編
在集尚有齒頰留馨香江水不洗凡眼肉何年佞骨飄風颺我雖未游神
已往仿佛夢見鬚眉蒼明朝渡江望城郭但見雲海翻浪浪

試畢至太守署中登雪堂堂爲後人移建非當年舊址而據有江

山之勝是日獨雨雪宵霽次日清晨渡江宿江夏境燈下有作

昨來登雪堂片片瓊花落坡仙喜客到為戲頗不惡當年大雪中雪堂如此作誰知五百年青山擁城郭長江帶其下檣影窗中錯遙望武昌山清寒露崖崿北風初釀寒飛絮紛漠漠朝來忽放晴檐閒語乾鵲道旁老竹根一一開新籜渡江吾何往路指西山腳不聞鼓角聲但聽寒宵柝默坐詠尖叉一杯為公酢

贈胡生 名南薰蘄人

胡生老學究閉門窮九經誰知破屋中藏有書連楹晚遇朱司業 謂八香學使 所學乃益精專治古尚書著論稽墜形茫茫大荒服神禹之所營方域錯雜出判若渭與涇禹貢乃專門布圖如列星置之矮屋中妙論筆不停斯文脫秦炬壁藏徵聖靈微言復中絕伏老無遺聲遂使梅 賾 姚方興 輩偽

學滋蝗蝒南宋產鉅儒闕學擷菁英尚疑格制閒眞贗無由明生今治此業明辨袪蓍嘗何當爲余說妙議發鏗鏗嗟子晚聞道獨學恐難成明當館我室切磋爲友生插架萬卷書任子翻縱橫庶以探討力見聖於牆羹無爲斗筲子漢宋徒紛爭

送妹婿韋詞臣還里

歲暮涼風吹客衣天涯行子念庭闈舟迎鄂渚寒波上影逐衡陽旅雁飛文字消磨人易老雲山迢遞夢先歸明年霜雪催征騎陌上看花計莫違

王子壽主講荊州書院歲臘必歸省其親道過武昌主唐子方方伯信宿乃去今入臘數日矣而子壽不至賦此寄懷

歲晚人歸盡孤帆尚遠征梅花前度約旅雁昨宵鳴杖屨高堂夢樽罍北海情官閒無俗事相待爲詩盟

初五日夜小雪二首

寒光漸逼讀書燈起看堆鹽卻未曾好護芽根煨菜甲遥憐溪水凍漁罾
搴帷斗覺風如刺落紙方知筆有稜願祝天公賜三白要看宿麥長新塍
黄昏霏雨細如篩漠漠輕寒逕翠帷晚去園林歸凍雀秋來塵土灑枯枝
熱腸但有詩能潤鈍手應無藥可醫莫笑烹茶舊風味自燒榾柮煮蹲鴟

歲暮書懷

短景寒天歲已闌匆匆猶作少年看消磨日力憑堆案慚愧風人儆素餐
學泣蟲魚終磊落待追雕鶚且盤桓俸錢優厚成何補難免商君笑蝨官

己酉十六首

贈武陵楊性農

去年夏潦紛滂沱兩湖南北漲洪波我時乘舟返襄漢臨流坐歎夫如何

君家武陵古樂土橫流倘徙蛟龍窟武陵山水劇剽疾拒刷廬舍淩坡陀
君從棲苴更幾月寄愁無地空吟哦裒然成集遠相寄欲取砥礪交切磨
昨來旣見殊快絕不以彈糾生譙訶新編出袖如束筍仍取付我砭其痾
騷人陳情例危苦下士發憤羞媕要我讀斯文尚顏汗況乃朝右冠峩峩
筆端掉舌餘事耳貸粟焚劵衆所歌書生活人有成效豈恃辯口如懸河
方今水伯歲爲虐江湖已化千丈坡疏泄成法苦難用隄防補漏功徒多
君居澤國所見夥單剡論述兼揣摩經國鴻文此其最好陳當事無蹉跎

漢沔閒雜詠七首

鶗鴂先鳴屈子鄉茂林芳草閒篔簹春深兩岸無花樹晴日風來自在香
漢水西來勢本紆千迴百折竟東趨人言此水天生曲迸入長江寂若無
曉霧空濛水氣滋醉人煙景不多時傍船時聽丁丁響漁子臨江拋網絲

隔岸人家語笑聲晚炊初熟野煙生橫江一艇衝波急知有時新夜入城

颯颯東風吼怒雷臨江六鷁倒飛回誰知弱柳寒煙外猶有清溪水一隈

鎖院深沈馬受羈朝來人事亦嫌疲不因挂席春江上那得雲山洗眼時

晚風初起雨雲低帆影分紅落照西近水小魚迎月上投林飛鳥傍煙棲

由漢川至江陵見隄閘居民有作

漢水發源嶓山腹峽口金牛萬峯簇紆縈蕩潏下秦關十里川流幾九曲鄖陽接山村木盡春雨洗沙日萬斛乾隆嘉慶間川廣教匪滋事遁入楚之鄖陽山中　王師過而殲之深林密箐焚刈殆盡自是山民墾荒作田春雨一洗則泥沙俱下下流因之壅塞矣障淤作田利粳稻一歲四收貪土沃宣鬱導滯百不知官隄求斷私隄築約束奔流毆故常江心斗上如平陸比年淫潦大為災城市村墟泊艫舳居民習慣了無苦移家競向漁舟栖戀將網罟當桑麻收致魚蝦比菽粟故家大姓半彫零末利微生日轉

逐冬來春插動千夫無異補瘡先剜肉君不見大江九穴十三口金隄築斷高連屋當時共說秦渠利沒世空悲潁水濁（大江旁舊有九穴十三口以洩水勢自明江陵相國爲其鄉里計始築太平隄障之當時以爲利至今江流淤塞職此之故此與漢川某氏之事正同皆得諸父老傳聞不可謂無據也）往事由來不可追童謠尙解陂當腹古人上策誰復知悵望江頭兩黃鵠

贈張生（效先江陵文忠公十世孫）

江陵當國日厥勢靡敢抗鴻才際時會任事勇無讓振刷方見賢忠藎猶騰謗掊拾隱僾閒苦志誰復諒生沒異榮辱破巢增感愴忠貞有遺澤門戶兼將相堂堂別山子桂嶺百夫防（別山先生名同敞文忠曾孫明末以兵部侍郎督師桂林與巡撫瞿公式耜同時殉節）螳臂當車轍身隕節逾壯相國有此孫足使家風王我本桐鄉人永念朱邑葬（別山先生墓在臨桂邑人歲時上冢會者率數百人）歲時供享祀遺憾寄幽壙今來見雲礽緬想鄱陽狀衣冠頗寒素詩禮存習尙不有吹噓力誰致青雲上見

邦王民部功德未可量山長王子壽比部始訪求文忠後裔得生及其弟紹先命肄業書院今歲生得入學頗惜石首楊文定公溥末裔遂彫喪表彰愧無術望古徒惆悵荊山帶江流地脈雄且放英才間時出迨今恰宜當生其念祖德努力下帷帳忠孝本家傳歸求如發藏庶幾祠堂內禋祭永無曠

題張別山先生詩集後二首

大節流傳一卷詩壺山墓草已多時先生墓在桂林水東村壺山下忠良未覺家風遠慷慨空傷國步移破碎河山餘淚血艱危師弟共鬚眉謂瞿忠烈百年留得風霜在故國秋深八桂枝

豈有心情撰玉臺亦非騷怨楚臣哀英雄不被多情誤忠孝原從正氣來苦語連篇難寫憾丹心百刧可成灰江城日夜波聲壯不見靈胥白馬回

重午舟夜獨坐

少年喜佳節未至心已數清明寒食過幾日得端午龍舟何處來兩岸競笳鼓羅衣新製成舉袂風爲舞腰間佩桃劍插鬢并艾虎欲縱一朝游償此九夏苦自從遊朝籍鄉風斷角黍米鹽籌細碎奔走困腰膂不如小兒輩猶得分果脯今晨劇閒暇地僻無官府六七幕中客忘形相爾汝鄉舟不往來渾穆存太古因念總角時栗棗紛求取庭闈今尙違甘旨得幾許挑燈動懷抱獨坐無人語

亭午

亭午陰陰鬱氣蒸晴雲翻作雨雲升暫收宿麥芽生瓮旋浸新秧水滿塍澤國族居黿鼉似江城物價米鹽增關心解作流民歎欲救哀鴻恐未能

四蟲詞

癡蠅攢故紙出頭良獨難不如飛將去洞門天宇寬

春蠶吐色絲作計祗自縛安見衣帛人一絲不曾著
飛蛾撲燈火附明還自煎醯雞飽餘瀝處暗乃得全
螳螂方捕蟬黃雀乃在後戒心一以起平地生岡阜

次梅伯言先生秋後南歸留别都門諸子原韻

文字相鐫越有年幸忘年輩得交聯一從使節辭都輦已少淸談共悅研
書至早聞歸隱計退耕不讓昔人賢他時儻遂升堂願記取桑園老屋邊

辛亥三首

恭送夢白宮傅師奉　諭回籍五十六韻

高密傳經日文翁授學年試從歸老後直溯在官前桂嶺開藩迥榕湖擇
地偏時淸無案牘晝永有歌弦汲古憑膏馥磨丹效悅研鑑衡心似髮黜
簋筆如椽掇拾徵唐疏爬羅聚漢箋英髦思砥礪藻釆競聯翩藥籠咸收

奐樗材幸與焉人師知仰誕國器忝名淵一自隨親署何由侍講筵林飛
還五鳳堂現已三鱣閣嶠移旌去苕溪奉母旋怨鶺海氛惡特起折衝便
慷慨曹江上倉皇日浬邊誓師餘淚血傍枕卽戈鋋命早鴻毛擲身猶雉
堞堅十旬資保障闔境得安全和議持曩吏棲遲比幕員爲霖看再出作
楫佇超遷行省方臨陝分圻更撫滇瀛東會式化粵右復來宣棨戟兒童
識旛帷父老攀桃蹊增舊蔭棠舍結新緣重與論文細依然愛士專同春
菁帶草分俸孝廉船鈴閣猶多暇宵衙亦晏眠姦萌起南楚警備又西延
蠡爾城狐掘□□芏家韋謂當薙荆棘長此靖烽煙蔓草除須盡萑苻穩
不悛齊憂常際儤鄖說漫迻燕對食煩投袂乘風快著鞭總期消鬼蜮詎
惜賞鷹鸇授首窮途易論功
懋賞溢外虞欣暫息內患遽相連慣爾將蟲木難防騾決川關情惆塗炭

力疾御櫜鞬庶以擒渠捷終能辦賊竣紛彈啟朝論失職固臣愆
聖主原觀過
殊恩或議賢元戎留贊畫
特旨諭歸田軍旅肩雖卸瘡痍慮尚懸詩章哦款款忠盡寓拳拳繾綣依
鶯柳淒涼泛水蓮挂帆謀迅速飲餞極喧闐遥想鳴珂里爭迎玉局仙湖
山標信美林木寫清妍世澤氷兼玉家風粥與饘功名拋夢幻豐嗇陋夔
蚿獨此停驂會難忘別憾煎幾時趨絳帳倏及送唫鵩痛輟蓼莪誦曾芟
月露篇師門尊若父
帝德大於天誌感因成詠銷魂託扣舷登堂期異日杖履喜蹁躚

輓李石梧宮保

三見前軍落大星自軍興以來殁於事者公與制府林公軍門張公爲三潯江風雨夜沈沈督師正

作三軍氣報國空留一片心死戀春暉猶有憾生憎遊虜未成擒時平更下英雄淚故壘荒涼草木深

題鄒中丞鳴鶴所藏林文忠公詩卷

林公辦賊機如神筆下卓犖生光晶公之治河如治兵萬衆遝藉爲堅城兩公相印惟一誠迹有離合常心傾閒以文字求交聲三百餘字耿元精紀莫大績逾勒銘西南睒睒攙槍明將星道隕天爲驚公猶後至盡事攖赤手要挽洪流平林公所志公其成衹今人材不易得長歌罷讀寒風生

壬子十四首

詠宋伯韓前輩院中紫薇二首

先輩庭中紫薇樹三月花開直到今只爲登陣疏賞識故應留取伴閒吟

芭蕉屐袂天然綠顯得花光分外紅不似階前小桃李只將顏色鬭春風

秋夜城樓紀所聞

一從兵燹後絲竹已無多時亂婚姻賤人歸笑語和危樓先見月深巷更聞歌遥憶田家者燈前話晚禾

夕響

夕響罷濤礁秋堂晚更深西風萬葉脫永夜一蟲吟行旅有歸思閨亭生舊心自憐孤枕上絃絕不成音

南郭晚歸途中望獨秀峯作

歸然一柱矗雲霞此下遥知擁萬家近郭峯巒如竹箭夕陽樓閣似蓮花秋田禾熟村舂鬧晚市人歸笑語譁遊覽川原知不盡黃昏城禁徑須賒

遊風洞歌

我生足跡幾萬里淮南嶺海兼北燕探奇賞勝無不到獨於故里心茫然

兹山在闔閭少壯未嘗陟其巔頗聞巖穴中別具一洞天炎雲赤日遮蔽不可見好風自來濤若弦迤邐石門開晃蕩天光圓瓊瓏變怪匪人世拍手但覺仙乎仙此景昔聞今乃見恍惚靈秀增眼前入門石徑何蜿蜒黃葉露積蒼苔鮮十月陽生氣恆燠時見遠岸青芊緜山中無風晝亦好匪直買夏冬亦便豁然中洞為奇境渾沌疑有神斧鐫洞南可攬城南諸峯之聳翠洞北可眺城東萬頃之原田近山歷歷濤若岑近水不動平如淵凫鷖數點聚還散行人偶語來沙前世閒奇景那有此頗惜荆關畫筆無由傳憶時攙槍起兵燹附郭萬瓦隨飛煙琳宮紺宇半沙礫山童石赤呀可憐兹山猶幸在城市未染妖魅飛腥涎佛力山靈兩則有得此拄杖皆前緣吾徒宦轍豈有定鄉邦勝蹟須流連明夏招涼更誰至壁閒記我鴻泥篇

贈李古漁廣文同年

從軍不得意辛苦戀儒官入瘴孤城遠擔書旅邑寒生涯歸後得畫理靜中看儻得山林趣無嫌暫挂冠

别君幾十載消息尚相關覿面書中字卧游屏上山幸從軍旅後□得故鄉還宦轍分飛易應憐此會慳

書所輯漢書分類小記

一字千金值七年書未完勞多因冗雜廢不為饑寒忍棄同雞肋分形亦鼠肝異時將覆瓿莫忘綴來難

送孫渠田學使同年入　朝請假歸覲浙中

江梅萬蕊舒寒芳蒼梧宣下煙水長冬月陽生雁北鄉君獨何者翩南行

三年提學困周走欲盡嶺嶠窮炎荒是時剽掠徧州邑探丸赤白紛披猖

儒官清寒盜所棄只有圖籍輝琳琅道旁斜睨去不顧固知此輩猶尋常
耻者省門鳴巨礮衆鬼白日爭跳梁城頭疊軍萬戟立密緻足斷飛鳥翔
得勝之盜衣短後賤子已易戎臣裝儒冠峩峩衆驚詫獨以局外趨徬徨
虎臣競欲師樊噲畝官得不識商鞅賊退城完幸不死天意敢以人力當
蜀將楚兒好身手輦致金帛羣牛羊試思首禍者誰子忌醫諱疾何由臧
書生謀事真畏葸遂使猛士神揚揚不然范韓可再得坐鎮已足維苞桑
早知事急念頗牧未若安坐談龔黃君之持論與我合往往坐對增愴傷
嘉謨入告傑有意好聽擬鳳鳴朝陽我今征鞭尚遲滯北望觚稜思玉堂
感君紆道得覲省王事有程須速將攙槍待掃未安宅要使民隱通天閶

感事

了事事愈多惜日日愈速不知善與惡所為固不足往余方少年慭若未

雕璞見人面常赧厭事頻蹙顙弱冠步京華稍稍露頭角朋輩皆儒冠誤
身在局促賤子實矯然獨往偃不伏以玆疑與鉅往往時見屬舉足雖蹣
跚救人猶甪劌朝出或戴星暮歸常爇燭忠諒多見許壯往亦取辱伊余
豈爲名自反固能縮冷官抱熱性獨處驚衆目兩年典學校儒官徒婖婖
奉諱始歸來伏處向家塾米鹽親瑣細猥鄙見鄉俗方期得閉門三徑理
松菊誰知萑澤翟椎埋競相逐白晝戲探丸戈鋋徧山谷邦君重保障守
望資董督謂余本州民用聯我邦族小民懼非常固難强所欲諄諄煩誠
諭勉勉就約束中有秀而文巧悍劇滑黠見告雖面從私議莫心服長年
廢百事中道行僕僕野老時造門家人厭剝啄居恒撫心歎此事何能淑
人心去古邈鄉黨尙親睦但此夸詐子飾智誘頑樸納汙育學川忍痛終
螫蝮省垣屹重鎭民未見鋒鏃幸賊不果來觀望志早蓄縱令脣齒徹敢

望金城龘今春虎出柙腥沫省門撲雄師倚弃潰村衆敢抵觸天幸全一
城衆志匪余獨論功膺
懋賞撫已增慚恧三年困趨走何事差可錄終日百營營無一稱心曲磨
丹案已歷書字筆恐禿竟欲舍之去義不虧始假以此暫羈留黽勉親簡
牘憂時鬢早星知味口不肉勞生已强半坡言可三復何當辭韁絆江頭
築老屋客至多閉門農書行可讀鑑前亦腳婢戶外蒼頭僕與世無往還
縱跡溷樵牧此願待時清吾祈將用祝

十一月二十四日

坐忘久欲學心齋俗冗難教此願諧頗愛旽朝風雨裏更無剝啄到門來

冬夜校彭子穆遺稿因題其後

翦燭窗前更幾時忍從遺稿理棼絲燈昏字劣余能識簡脫編殘子詎知

但使名山償夙願冐教樽酒負前期池公不作滄翁死地下能無異世思先師池齋庭學使先達呂月滄郡丞皆予穆所嘗受知講業者

題灌陽范氏古墓碣搨本

灌水之陽招義鄉川原明秀神所藏中有馬鬣封若堂表以翠碣何直方有宋戸曹監錢塲范氏二龍長最良少有文行兼慨慷長游太學聲載揚遂中丙科冠沅湘卅餘年破南天荒仁孝欽篤性則臧力田致富非販商四十二祀年不長子五次能踵厥芳孫男十四爲家祥葬花石原文可詳作者劉汝名芊亡七百年來置荒岡一朝剔翳鬱電光摩挲文字分豪芒先正典型世所望豈伊後嗣珍琳瑯邑乘數典俾毋忘

浣月山房詩集卷三

內集　　臨桂　龍啟瑞　翰臣

癸丑二十七首

山寺

山寺出雲梢春潭鎮老蛟崖深靈氣入碣古斷紋交溼蘚藏蝸迹枯松露鵲巢神明本清肅村覡莫相譊

元夜聞燈市喧闐有作

風前猶憶鼓鼙聲又見春燈爛滿城幸脫蟲沙聊自喜初聞簫管亦堪驚繁華厭薄年應長里巷棲遲感易生不爲烽煙在江漢只貪閒寂對孤檠

里居

里居人事厭喧譁暫學丹鉛願莫賒習靜祇知書是藥避人翻欲旅爲家

偶貪早睡妨來客閒踏春山喜見花卻憶輭紅真樂地但將文酒送韶華

無聊

無聊復無聊默坐長太息我心迫以煎對案不能食我身不能飛我影不能匿家事慮米鹽出門畏荊棘方寸發豈多百感塡胸臆彼蒼生我才我才果何益

韓翁齋中賞壯丹賦贈二首

芒鞋踏春山覓徧桃與李誰知傾國豔仍在高門裏吾鄉非洛陽此卉珍無比種者六七輩十九不見蕊君家養太和花木亦欣喜重臺玉樓春壓倒黃與紫花朝放始足大於盤敦似殊色吐光芒目不敢逼視作詩形貌耳出語苦不綺

往年崇效寺雕鞍踏春風階前數十株一一看嬌慵芬芳襲環珮光豔生

儱櫳少年不自情相遇殊悤悤别來幾六載心逐比飛鴻時事異贏縮此景知難同豐臺芍藥花槐寺丁香叢頗存昔好尚各抱今顏容吾徒幸一隅無事貪天功但期樽酒滿莫負花枝紅

山中聞笛

何人吹笛破蒼冥巖底風回響乍停恨不乘船當月夜更來橋上水邊聽

嘲遊人

遊人無數出城來爛漫風前酒一杯折盡桃花攀盡柳春光能帶許多回

三月三日獨遊獨秀峯 下臨貢院爲明藩舊邸

一自永和修禊後幾逢癸丑暮春初誰將觴詠酬佳節況對江城入畫圖乘興偶來非有約名山清賞未嫌孤莫將盛會論今昔但得清游自可娛勝國雄藩二百年登臨遺蹟故依然苔荒玉砌經新雨樹入珠樓鎖暮煙

寶牒已隨宗社改瓊華空爲昔人憐何如太守書巖畔尙有篇章動後賢

繞郭爭看百堵新忍將兵燹記前春誰教鬼魅窺吾國幸免蟲沙有此民

刦後川原終黯澹難餘生計亦酸辛留將滿眼旌旗恨此日登臨未厭頻

逆賊陷江南感懷伯言先生

一從郎署鬢毛斑投老江南始就閒豈意風塵驚講席更隨鴻雁出鄉關

田園難仞陶彭澤文采空悲庾子山看取王師復吳會青氈舊物亦應還

文繼方姚合起衰乾坤無術老奇才承平往日盤敦盛離亂空山猿鶴哀

舊友幾人星易散秋風何日雁先來多應繭足增愁疾相憶花前罷舉杯

賞薔薇呈韓翁

杜鵑已開紫藤落海棠無花筍飄籜先翬庭中殿好春不有薔薇太蕭索

紛紛密葉鋪堆成一一低枝翠縧絡細抽碧玉攢並蒂濃醮燕支破初萼

晨妝頮面宮粉圖夜雨濯枝火珠錯仰覬花天十丈明旁開錦地三弓拓憶昔黃家驚撇見壬寅歸里曾賞此花於黃氏宗祠賦詩紀事十年夢想空京洛不無紅紫鬭紛綸殊少丰姿夸綽約忽到高齋眼乍新翻愁晚醉春無着樽前復憶去年事旁午軍書壓高閣晚春花事太匆匆莫怪東皇顏色薄今年等是去年春入眼花光嬌灼灼一杯到口豈尋常人意驚憂變安樂天涯何日洗兵戈要使穠英徧崖嶂提書莫較信風遲踏架飛飛兩乾鵲

秋夜雜感八首

西風吹雨入江城靜對寒檠百感生古劍夜迎星斗氣鄉關秋老鼓鼙聲歸來黃菊幾回見夢裏青山俱有情天與斯才果何益會將耕釣待時平

平生百事恥輸人但有戎行苦未親事急武夫推上座時清康濟失元臣草間狐兔終須盡雲裏鷹鸇轉易馴顧把勳名歸李郭恨無英傑起風塵

雲物蒼茫八桂秋北來兵氣未全收有情花月頻添恨無那風煙爲少留
作賦未忘招隱士浮家將欲泛扁舟碧漪翠篠瀟湘路何日開帆紀勝游
萬里封侯意想中書生空有氣如虹遥聞閫帥多持節不見天山早挂弓
時至范韓應將相古來辛杜亦英雄飛書馳檄尋常事要使兵戈洗盡空
嶺嶠當年少祝良潢池今日尚披猖未嘗避世無箕穎但恐深山有虎狼
庾信江關最蕭瑟陶潛松菊且徜徉不材敢向林間老欲把浮生叩彼蒼
金陵浩刼付飛煙三月鶯花劇可憐隱隱樓船東到海昏昏鳴礮遠連天
瓊華觀冷藏梟獍桃葉江空罷管絃二百年來生聚力但看圖畫亦淒然
淸霜先釀北風寒鼓角聲聲轉夜闌半日琴書聊自遣百年身世强相寬
窗前舊竹移都活枕上新詩補未完但使承平終有日吾生安敢避艱難
玉堂天上久尋思跧伏家山更幾時獨處匏瓜知夜永每懷芳草覺情移

鄴中諸子晨星在鄧尉名山曉夢追欲向賓鴻問消息楚雲燕樹渺難期

贈内六首

千秋名豔玉臺詩占斷春風屬掃眉昔日心儀今眼見人間端合免情癡

機頭錦字爛如雲讀史評詩並不羣誰料紗幮來講易吾家今日有宣文

蓮房風雨事多磨賴有仙緣卻外魔從此身如連理樹一生長住小鷗波

廿年花裏閉門居繡閣餘閒但讀書我乏牙籤三萬軸添妝慚愧女相如

金鎖銀匙秘獨窺自饒神解不關師書生豈有封侯相愧殺妝臺卻扇時

風塵澒洞敢爲家每恨端居負歲華功業未成羞綺語願君珍護筆頭花

甲寅十四首

感憤

兵戈久未息謀生道愈窘斯民常苦飢獨食良不忍繫余本寒素稼穡知

昭凱時維國家盛民物頗豐脩鹵肥到廝養餘粟積官囷誰知殷阜時物力用已盡盈餘召殃禍慳嗇致災沴嗟彼紅巾輩不靖越茲蠢腥涎噴鯨鱷弱肉飽梟吻使我田閭坻荒穢徧畦畛騷然動天下厥禍深可憫致此雖匪余慚痛及幽隱疆臣誤泄沓俗吏託拘謹蹉跎失不治遂用及顛隕斧柯不我假旁睨心愈憤誰歟使吾君膳樂不懸鎖誰歟使吾民菜色常茹堇嗟余豈當路亦自愧不敏承平苟可待吾欲飽蔬筍

春日雜感

江上桃花懶不看西風猶作早春寒因憐鬢影臨清鏡肎爲鶯聲倚畫闌萬里旌旗悲遠道十年車馬憶長安碧波芳草皆顏色付與詩人感百端

又見高樓燕子飛江鄉離亂舊巢稀春風綠野耕牛盡落日荒原戰馬歸

爛額枉矜前箸好從新終與夙心違百年未了齋鹽分老去吾將覓釣磯

但見鳩形滿路衢春來難得病魂蘇茫茫炎運當元二聃聃妖星照一隅

避地難爲賢者次移山應類古人愚不知有益蒼生否贏得旁觀笑腐儒

北望觚棱曉夢清風雲長護舊神京芙蓉露暖栖鴛沼楊柳春深繞鳳城

一自烽煙驚絕徼頗聞簫管減歌聲舊遊把酒論詩處誰寫紅箋記姓名

慷慨諸賢大節同要從多難識英雄危疆百戰關天命史筆千秋本至公

夢裏承平空黼黻生前遺恨在沙蟲從來意氣論山獄莫怪看花淚眼紅

前廣西巡撫鄒公鳴鶴安徽巡撫江公忠源提督瞿公騰龍總兵馬公隆湖北按察使唐公樹義中書舍人鍾君淮廣西全州牧曹君燮培湖北江夏令口君繡麟皆効命疆場其與余不相知者不在數內

門外交親問起居花前猶幸奉安輿幾年風鶴驚心處滿目煙塵寄慨餘

妹解歸家陪母飯婦能執筆課兒書儒生豈解論家國久欲還鄉賦遂初

誰爲王孫賦遠遊萋萋芳草滿汀洲蒼松古柏難爲豔嫩柳夭桃未解愁
野店人家誰喚酒春潮渡口自横舟傷心一片無人識目極溪塘水亂流
海寓難言況梓鄉關情無計是耕桑眼看稚子分梨棗卻憶飢兒覓稻粱
賈誼書陳惟痛哭監門圖繪盡流亡何時整頓乾坤了手挽羲輪照萬方

傷亂

人生亂離世迴憶昇平年譬非疾病日安知無病賢嗟彼流離子其情實
可憐虎狼踞人屋竄身巖穴間蹤迹覔輒得號泣聲相連慈母失愛子老
父尋幼孫日暮倚高崖遥望燹何村仰天惟涕零難對官府言更遇風雨
夕燈燭不得然松枝蔽其頂蓬蒿圍其身足底聞流澌擁樹如窮猨遑聆
兵馬來疑是賊營遷紛如鳥獸散既定復來還尋聲以相識時復偪尻肩
日出望里閭所至無炊煙共言賊徒散始復還家門牛豕肉猶藉雞犬無

一存犁我田中禾發我箐中錢生計一以失性命如倒懸不若從賊去尙可旦夕延入生變軀命貴賤何殊焉寒衣飢則食惟恐不自全少小離懷抱出入恆相牽長大各有業家室乃得完奈彼椎埋者刈之如草菅帝閽高九重視汝不得援司牧求罔盡袖手得其鞭我亦州民耳去汝一寸間感歎作變風因心以成篇夜聞寒雨聲躑躅安得眠

寄內 時避地衡陽

朝吟夜誦兩相親忍賦將離詎有因避地難爲萊婦隱賃舂翻羨伯鸞貧黃花細雨秋三徑皓月清湘美一人何日扁舟重料理與君歸老五湖濱

十月十一日自桂林北上

一入山林竟五年寇氛何事苦相纏懸知爝火難經日豈料煙塵竟滿天籌策自來關氣數江湖隨處覓才賢寒燈輾轉觚棱夢起視風雲爲悵然

曲突當年計未工出山翻悔不匆匆近郊鴻雁難安宅大海爰居且避風
桂嶺巑岏無恙在湘流清淺舊時同嚴疆咫尺沾王化莫負斯民本效忠
大戟長槍世所須乾坤何處著迂儒陳情令伯心原苦請試長沙膽太麤
清貴一官榮已過踉蹌諸子勝於無板輿長作看花客豈羨淩煙畫老夫
回首枌榆景物非荒塍零落菜苗稀川原近楚皆生色草木逢春有化機
望歲還祈羣盜滅憂時何願一人肥澄清總賴乾坤力爾日歸田始當歸

蘇三娘行

城頭鼓角聲琅琅牙卒林立旌旗張東家西家走且僵路人爭看蘇三娘
靈山女兒好身手十載賊中稱健婦猩紅當衆受官緋縞素爲夫斷仇首
兩臂曾經百戰餘一槍不落千人後名聞軍府盡招邀馳馬呼曹意氣豪
五百健兒聽驅遣萬千狐鼠紛藏逃歸來洗刀忽漫罵愧彼尸位高官高

君不見荀崧之女劉遐妻，救父援夫名與齊；又不見譙國夫人平陽主，閫外軍中開幕府。汝今身世胡紛紛，盡日乃與豺虎羣。不然儻作秦州吹篪婢，尚有哀怨留羌人。徵側徵貳交阯之女子，送與矍鑠成奇勳。汝今落拓乃如此，肝膽依人竟誰是。草間捕捉何時休，功狗功人無一似。記曾牙纛起邊營，專閫聲名讓老兵。書生顏面已巾幗，況今此輩誇崢嶸。汝今何怪笑折齒，疊事向少男兒撐。道旁迴車遠相避，吾儻見汝顏應赬。

輓蔣春山何雨人兩茂才（蔣名方第，何名霖，俱與安人，督鄉兵死難）

古無戎馬賴儒生，今捍枌榆仗老成。雖下聲名推劇孟，秦庭倉卒殉荊卿。

離拔鄉國關天運，慘澹川原雜鬼兵。要作健兒應有命，為君援筆氣難平。

何君本策士，設計籌曲逆。失身陷賊中，談笑翫刀戟。（去夏逆匪陷縣城，君為所得，尋在賊中設謀反正，厥功甚偉）反正若轉圜，危險冒咫尺。功成無人議，物望在疆場。胡天不慭遺投鼠碎拱璧茫茫若田村君戰死處殺氣騰沙石妖氣何自來蹂蹈紛狼藉此賊不足平此人誠可惜邈焉一靈臺入地光猶射春草翳陳根何處尋君碧

衡陽閒居雜詠

避地來湘浦思鄉在桂林喜聞耕釣語怕聽鼓鼙音定亂應無術憂時但有心幸辭韁絆累來此一閒吟

不泛湘江櫂於今已五年溪流迴到海嶽樹長參天問客鉏新藥尋僧訪舊泉方知塵世外高蹈即爲賢

楚粵土風近百需惟所求泥香新筍茁池淨晚蓮收鮮鱠充晨膳寒蔬薦夕饈此身慚傒雁猶有稻粱謀

夕陽閉門早城市即深山本是孤雲出翻同倦鳥還求書門限破避客酒

樽閒暫得閒中趣一編親古顔

出處運無定余懷不負初續臨難背帖補校未完書悞月經寒近山鐘入夜疏乾坤如許大何處著吾廬

閒居愧温飽每睡輒捫心吾道難兼濟異鄉還獨吟天涯風景暮客館歲華侵不是無安土江湖感正深

合江亭讀昌黎詩刻　張子南軒書

湘水北流蒸東注亭子飛跨淩其隈兩江之水淨如練照見詩筆驅雲雷韓公雅游故可耳想見命樂華筵開承平老守劇得意尚喜觴詠誇樽罍賓主風流易消歇千年履迹生莓苔南軒大書頗好事留此二絕光瓌瑰揭來挂帆幾過此但見水面蒼雲堆江山寓目如昨夢良辰倚杖方獨來西南隱隱見鄉國彔觴聲聞征鴻哀川原樓榭十八九零亂劫火生蒿萊

五年匆促擲駒影游觀未了名蹟摧今來見此那忍別幾欲圖畫兼氈鎚
北望芙蓉七十一雲表羅列高崔巍行當訪公舊宿處題詩寺門相追陪
明朝打槳叉亭下期此蠟屐尋仙階

立春日將買舟赴長沙寄懷梅伯言先生二首

先生虎口誤儒冠術可周身幸自完舊識容顏應老瘦漸傳消息果平安
移家黃墅三冬近老屋桑園萬卷殘海內文章眞碩果暮年蕭瑟且加餐
先生舊居江寧城內之桑園前見贈詩及之
攜家作客楚江頭南戒煙塵望未休遠負菊花彭澤徑近尋芳草仲宣樓
水軍鐵鎖聞新捷人日金樽感舊游君國情深知己思併隨春意入扁舟

十二月廿一日自衡陽放舟作

客中還小住別去似離家世路原無盡吾生詎有涯故山思桂樹江渚訪

梅花但有漁樵夢行程未厭賒

村居

城中甚塵事稍可是村居自種當門竹常邀近水漁山僧古須髮田婦儉

妝梳不必論高隱相逢即太初

謁嶽廟

帆席江頭幾度經偶從仙籙訪眞形昌黎詩好人難和神禹碑深路易冥

日出倒窺滄海綠雲開俯視衆山青他時待了澄清願直上峯頭更勒銘

舟中玩西洋千里鏡歌

遠山視人人在目高者爲樵下者牧岸人對舟瞪不語三五行行自相續

山巔草樹如毛髮葉葉枝枝辨青綠古廟無人門虛掩時有飛鳥出簷屋

閒江漁子拋網絲倏起盈尺雙白玉片帆忽壓窗際來舡尾炊煙氣如撲

咫尺秋毫乃可辨雲煙過眼吁何速我生明目異孔顏每對山川苦局促
登臨翹首望天涯往往指視勞僮僕年來須洞煙塵昏極望東南幾頻蹙
何時薄海淨氛埃杲杲關山照春旭會當持汝上高明看盡遐方與幽曲

紀事

國家世
神聖邊氓樂耕桑誰知七葉餘孽醜恣跳踉撥厥所始禍乃自姦民倡微
小不復治浸淫成巨創雖曰天意然人謀胡不臧我欲陳此書痛哭安能
詳隱默失不言世誠無由彰試將董狐筆託爲婁斐章事實詞不隱來者
鑒爲常憶當殷阜日兩粵通輿航魚鹽逐貨利水陸誇豐穰招徠羣不逞
聚此爲池潢僞託耶蘇教竄遠來西洋黠桀誘愚魯禍福親祈禳潛鬱染
番俗采風知客强語邪信者衆積漸成姦萌是時邕管閒巨盜方要降張加

嫱以連勝官兵七次而招降粵西羣盜之橫始此」文無三面仁武乏七擒剛遂令竊鉤輩藉口紛
披猖張固帳下兒梧郡巨盜張釗綽號大頭羊本廣州夷人滋事時巡撫梁章鉅防堵梧州所用壯勇頭目陳亦臣閒
乚陳亞潰武宣吐東鄉麻介人當道臥猛虎橫水飜長鯨頗憐鄭夫子輿疾來出防青山
荔浦地卷旗走乘勢刲羣羊陳亞潰敗於荔浦擒於桂平道光三十年事金田煽妖火劍及潯之
陽朔師未汔濟水賊矜陞梁臨陣忽易帥機宜失倉皇招撫弱其黨作計
安能長鄭中丞罷職後而繼之者遂招降大頭羊因阻潯江水路與金田暗通聲氣招徠以弱其黨亦事勢不得不然蜀將有向
龍四捷入粵疆提兵西北來謂宜搤其吭德量慚子儀雄略非武襄向矜己凌
人與雲貴諸鎮將及副都統烏蘭泰不和復不用鄉兵引導故屢及於敗事機遇難再奇功隳大黃咸豐元年正月向軍
與賊戰賊詐敗預蹙溪水佯追急決而瀦之向軍大敗二月二十八日大黃江之戰賊焚輜重走武宣官軍如速追可盡殲向墮於前事遲二日拔
兵進賊已至東鄉立營矣有自賊中出者言賊去大黃時其頭目皆哭自來受官軍挫衄無如此役者惜緩追之而使其勢復熾也痛惜林
文忠。將星隕閩漳。天若遺此老。鼠賊安足當。長沙本書生。齊帥尤老僨跋

扈與乖崖調劑難為雙憂國志莫展誓眾神已傷以死勤
王事蓋棺鬢若霜是時武象聞如蜩螗沸羹
朝議用重臣勁旅揮天猨神機發健銳
賜劍來
紫光謀士既坌集勇將亦軒昂建旗出都門煒煒何煌煌妖星倐退舍
天威詟肅將賊自武宣擾及象州中平墟秀等處聞賽相督師至桂林乃州退還桂平之新墟當日如乘此軍威飭帥進駐潯州親督諸將則烏向兩帥不敢不和士卒無不用命殄滅鼠賊不難矣丞相古視師何必親戎裝恨無李愬將勝
敗羣觀望既少司馬法又非調和貝譬之麟與鳳焉能觸不祥鬱鬱雙髩
山巔立天中央其石若虎牙其道若羊腸負嵎作後戶新墟為前堂緜延
數十里土穴叢飛蝗是時烏與向二將稱虓虓蜀將勇自任攻堅必擒王
精兵五路入狐兔魂已恇轉戰出風門去險得康莊咄咄都護營羣帥胡

方徉穴中關已困，壁上觀猶瞠。着憤成怯，刻勇決亦周章。（向自任以麾下卒及武宣鄉勇頭目劉疏三等攻雙髻山賊巢，請統帥飭烏都護各鎮將自新墟攻其南。五月初一夜，向以精兵五路入犇山隘，逕從風門坳出，與新墟各營相去不數里，諸帥忌向首功，莫肯策應，終不能克。）六月蒸火雲，炎歊散沙場。朝食行十里，未至飢欲僵。鳴礮聲轟雷，擊鼓音彭彭。彼賊甚狡獪，伏匿疲我兵。或出數百人，兒戲不成行。坐此持三月，將謂絕盜糧。遥遥七校士，討期歸神京。倏於閏初九，烽燧驚潆江。嶺無外援，侚知與城亡。愧此螘子官，臨變猶慨慷。（署州牧吳江）水竇來援師，後突空蹶踣。官村復敗衂，喪斧嗟彷徨。（烏軍以城破之後日抵永安，向則因新墟追賊太銳，又不用土人鄉導，誤陷賊伏中，軍械全失，幾不能軍，故其援永安也獨後，是所謂官村之敗也。向之喪師失律，未有甚於此者。）大軍赴陽朔，知非願所嘗。委重北路師，縛絝親裲襠。潮州募健兒，日用糜千錙。諒非素節制，飢附飽乃颺。東勇尤狡黠，與賊為弟兄。更於陳前立，土音操其鄉。苞苴互相投，烟焰何茫茫。（東勇於陳前以白鹽洋烟拋擲與賊，賊以白鋌

報之點放空槍不著鉛子烟焰中彼此往來習以為常濠江有張魯張釗守濠江實通賊接濟此疾實膏肓齎寇
乃爾力頓兵戲害芒烏帥軍其南近賊頗撞搪如何兩岸序未覩合圍方
攻城闕一面奇謀探智囊惜哉仙迴嶺四竄如鹿麞賊據永安數月官軍不能克復遂定計缺
昭平古東沖一面誘賊東竄賊果由是踏官兵營盤而去于時建星中城烏鳴且翔官軍入永安追奔
何必忙點虜委輜重及其羸與尫殺人數千餘流血波道旁謂言當大捷
獻俘毬鋪張謂擒洪大全解送京師實非賊中要領兵勝不貴驕銳進須能量悍然都護軍
一往徒偎偎高崖墮賊伏敗竄如頹牆是時月十九毒霧風沙揚咫尺不
見人鬨以深林巔下有百丈溪上有千仞岡將卒自顛隕血肉盈溝坑桓
桓四將軍斷脰歸天閶二月十九日大洞之敗官軍大衄賊遂從此北竄其日大霧咫尺內不見人向固不欲行烏自以其
軍獨出向不得已牽率從之四鎮將邵鶴齡等皆歿於陳彼賊禍始烈北竄飄風狂豈非向老力焉得
還金湯烏軍繼入援已及城南廂開門無夾擊中股血染韉雲慘將軍橋

敗卒爭逃藏向於二月二十八日從間道疾馳先賊一日至桂林烏後賊二日至二將不和彼此不相策應烏以孤軍進至南郭將軍橋與賊戰中槍傷股遂因陽朔殞焉賊退犒楚師筐篚羅酒漿衆情脫水火大帥輕寇壞遂令全州士力竭焉

國殤

聖朝二百年，忠義報始償，世俗論成敗，何異聾與盲，慨慨兩孺子，焉足污鋃鐺賊由桂林竄全州州牧曹燮培留赴調軍營之湖南都司武昌顯以鎮筸卒四百人竭力固守城中男丁登陴婦女煮粥和松脂以沃墜城之賊賊忿甚穴地道攻之城遂陷官幕及楚兵四百人無一降者民間男婦殉難者尤衆先是桂林解嚴後向以病不能追賊檄劉長清余步雲二帥率兵勇萬餘人去追留全州境阻賊十里而軍曹牧以血書求救不肎應卒亡全州者此二人實使之然，虎兕既出柙，攫搏靡不戕，江湖潰隄境，橫溢恣溯滂，承平弛武備，文吏矜趨蹌，州縣營其私，剝削資逆迎，是以強寇至，無人執斧斨，念此堪痛恨，吾詎非冠裳，緬昔芽蘖初，易除若苞桑，初但一令力，立致死敵撈，繼亦一旅功，究竣安得橫金田八百耳翫寇自貽殃先年馮雲山韋振胡以洸等皆爲本地紳民指控拘於囹圄數月府縣及大黄江司莫肯究詰使其漏網逮起事之始則以八百人聚於桂平之金田村紳民集團練欲往剿捕具公揭於道府請委員督視道府莫爲意委員夫馬不時給遂藉口不去賊聚黨驟至萬人團練撤手不可爲矣上行下則效風旨承巖廊始禍者誰子厥罪彌八荒所恃吾

皇聖憂勤感

穹蒼

宵旰志平民

詔書語蒼涼是以傾危鬧得此方措撐嗟爾在位者覆轍鑒毋忘顧彼尸位人厥後難織昌詩人戒靖共正直神所康鄙儒繼禍本外此知未遑語賁不顧怨但願聽者明澄清儻有日吾其釣滄浪

乙卯四十首

元日避風易家灣作

旭日新年放舳艫又看風色轉檣烏但除塵壒關天意不受波瀾即坦途
報曉兒童驚爆竹買春村市當屠蘇遲回江浦吾何忌正擬扁舟向五湖

泊舟長沙遂遊岳麓書院朱張兩夫子講學處壁間聯句有憂時君子心之語

獻歲來楚澤弭棹湘江潯新陽氣恆燠芳蘭襲幽襟溯洄歎已久及此登
高岑茲山實嶽麓曠奧神所臨羣峯湊其南洞庭沃其陰吐納孕靈怪涵
育兼飛沈載沿石逕入楓柟鬱蕭森廣廈何代修規模寬且深二賢講學
地泉石留遺音如何千載後邪說恣哇淫遂令黃巾輩縱斧相殘尋哲華
學徒居化作豺虎林書幃褻羽鏃藝圃揮霜鐔至今破屋垣尚有荒苔侵
時方盛干櫓誰解收璆琳載詠先賢詩憂時感余心要當倡微言庶幾覺
盲喑吾道詎有窮作詩稔子衿

岳麓古松

喬松依古寺峻極罕人知嘯月層霄上棲烟六代時淸陰神所託直幹世
爲儀要顯當風力淩虛少護持

正月二十二日泊舟長沙城外是夕大風作

北風吹江江倒流浪花飛撲如白鷗或大如屋隆如邱闕如哮虎荒山陬
儵如千軍萬馬沙場急掣旗擂鼓無時休又如黃鐘大鏞生遠響四山林
壑鳴相酬雲霧溟濛鬼神出天吳震盪魚龍愁我生湖海三十秋久諳風
潮成狎游今夕作劇乃爾虐蓬窗驚臥牀打頭憶昨熱汗揮征裘萬錢難
買涼風颷亦知炎涼勢必反豈有夏令干春柔冬來亢旱陽不收凍雷出
地驚龍湫嚴寒鬱蒸兩相搏致此災沴非常儔但願胥雪變霖雨使我農
圃安鉏耰退飛六鷁聖所修大難丙公知問牛

江干一首

江干兩月漫停橈北望氛埃尙未銷客路最難當月夜雨聲容易到花朝烽煙鄂渚飛書急文酒燕臺別夢遥願逐樓船看掃盪鐃歌淸響和春簫

二月十七日舟中自輯漢書分類小記成再題一首

泛宅行千里鈔胥近十年細書憑眼力小識落言詮歲月催人老江湖託地偏敢云關典要辛苦那能捐

荆州懷古

坐談高枕大江頭玉帳牙旗鎭八州練甲治軍千鬭艦軒車入幕半名流英雄但數劉元德生子何如孫仲謀惆悵人生幾得意莫令狐鼠上荒邱

宜城道中作

泥濘猶在道征輿底事忙春晴未忘雨客夢不離鄉芳草自天末野花空

夕陽舊曾行役處攀折幾垂楊

此地昔兵燹尚多喬木存鼓鼙雲外戍雞犬路旁村野寺僧常拙荒郊鬼亦尊見祠石居士靈怪每難言

我本閭巷士一首

我本閭巷士幼習在斯文堆案有孫吳瀏覽不復存憶當承平時里街通娃媌孟公來下榻稚季時造門衣被符百客醇醪餉千尊謂言重意氣豈慮遭艱屯昨歲軍書來鄂渚烟塵昏幕府下伍符召募出襄樊教令猝之去辭讓豈能陳名卑分微薄計畫無由申同舟共安危勢敗則驚奔招集散亡衆半載還鄉園鄉里載酒來為我歌招魂少年頗好事解衣視創痕國賊尚未滅鬢髮若霜繁常恐寶劍缺無由剸鯨鯤功成良不易長揖非空言

襄陽寓中四首

曾是山公持節地主人除館劇多情道旁桃李多相識猶爲春風管送迎

門外高楸萬萬枝雨中花葉亦離披路人不解淸陰好但爲芳華坐少時

深院梧桐鎖暮春喬柯經雨淨無塵懸知此後淸宵月爲爾吟秋定幾人

淡月朦朧隱碧幃數聲嚴柝悄蘭釭綠陰一片風吹雨多少春蟲夜打窗

南陽懷古

下江諸營如螻蟻兒戲築壇立天子帝王廢興各有命抗威不拜司徒死昆陽異事眞英雄談笑大敵成奇功滍川橫溢虎犀走萬瓦如葉鳴天風九千人破百萬衆偉略足使雲臺空繡衣御史進玉玦焉知日角爲眞龍至今汝南雷雨夜想見酣戰留餘蹤慘淡風塵徧今古擾擾毛羣奚足數成名豎子亦關天任嘆狂生登廣武

襄陽送友人回粵

自笑此身如賈胡每到一處行趑趄荊及衡陽二千里兩月行有三月居
襄陽栖桑猶戀戀況得主人親掃除漢北諸軍踏泥塗捘索羸馬供薪芻
館人謂公行且止已解官駟韋儲胥皇天留客復久雨使我不樂思江湖
東風昨夜吹庭隅梧桐葉大楸花疏文杏綴枝紫金彈石榴破蕊紅珊瑚
天涯芳草亦如此杜鵑鵓鴣鳴相呼朝來越客思敝廬徑行不上言兵書
辦嚴握我還歸去意有不足君其無湖上之烏尾畢逋江頭列營擁萬夫
蕭然行李一孤雁稻粱尚有非難圖流行坎止今殊途風日暫好聊自娛
吾欠峴山一游耳繼此策馬當行乎

大風十六韻

颸颸復颸颸繁聲集近郊驚遊穿竅入急雨打窗拋聽還疑虛鳴騰空忽

大吹旗翻千丈脚屋捲數重茅高樹髡龍鬬荒原駭虎號炎涼天頃刻闔
闢戶呀摩廣漠洪鐘應深厓勁騎鈔喬松波攪海枯竹箭鳴髇破壁掀窮
巷寒灰振族庖天容回慘淡人語雜喧譊漢祖歌何壯昆陽戰始交斷鼇
吹折柱栖鵲叫離巢江漢應橫溢熊羆亦怒咆奔忙童伏枕瞭望士登轈
月麗箕三宿蓍占巽二爻陰陽自相搏作賦等詼嘲

襄陽過張漢陽王祠而歎之

迎仙宮中晝伐鼓南牙起兵誅二豎天生了事白頭翁手提乾綱還故主
殿前不見控鶴人牀上驚嘘老鸚鵡是時產祿眞纖兒有如血臂在刀俎
旁人作計然死灰當局寃心擲腐鼠雙陸御牀親點籌可憐宵約來房州
政權已解誰復問穠勝一出終見收區區鐵券宥十死不如御史殺人如
殺囚倘惜兩翁已物故未備毒楚快所仇當年五龍坐相唱風雷掀空晝

冥晦夾日精誠妙感通同天事業須時會中興宿曜不重明淸狂天子眞
無對撫牀彈指知奈何斬草留根終自礙宮裏蓮花玉貌彫門前桃李新
陰悴未了梁公一片心何如姚相千行淚武后移宮時姚元之獨泣送因出爲許州刺史陳迹唐
家舉電過功名獨數漢陽多淒涼異代叢祠在蕉萃炎州黃髮皤

四月二十一日舟發襄陽將至均州作

厭向山城聽鼓鼙掛帆直溯漢江西殘春細草縈鄉夢舊日繁花滿大堤
灘上長年忙勝客道旁村叟醉如泥浮家泛宅吾能事但得幽深便可棲

夕陽

夕陽欲下舊山深炊煙裊裊出空林牧兒牽牛度嶺脊漁子舉網拋江心
新晴潮落鳧雁喜夾岸草多蚯蚓吟行人艤舟及未晚愁見天際生輕陰

均州一首用陳簡齋將離均陽詩韻

山城元氣猶未彫江漢不視星動搖中原軍士困轉粟夾岸人家多緯蕭
身似犁牛困鞭策卻戀雲山久爲客此生何處不爲家猶爲老農占月額

余以五月一日移寓於均將兩旬矣而梁間雙燕忽至感其經歷險遠大有類於余者乃爲賦之

此燕如遷客徂期五月來海鄉無恙否江路亦悠哉花柳殘春過煙塵遠
戍開舊巢堪重掃及爾共徘徊

淨樂宮 在均州

南京羣祀眞武一九月九與三月三眞主崛興有神助懷柔效順夫何慚
燕兵靖難說本屈道衍和尚親戎鈐其師應眞實羽士將毋符籙傳寇謙
太平眞君北方輔傳以元武神所監北魏道士寇謙之嘗言太平眞君輔佐北方此後世以北極爲眞人之始
淨樂王子何爲者道家妄說誠可芟吾聞天之所興誰能廢想見利劍揮

龍潛神功冥漠那能識定有皁纛催裴嚴萬八圍中十餘騎壯士駭愕韜鋒銛夾河之風白河水儻匪陰助恆危阽討逆伐暴事有異乘時翊運應無嫌功成報祀易易耳艮隅廟與金陵兼北京廟祀艮隅南京則自洪武時已有之武當名號符在昔遠尋靈蹟來荊南五龍紫霄廢已久張僊留處空茆庵豈有四海天子力事不稱意非至誠三十萬人費百萬要六五嶽魁精藍千里荒山致木石五月汗血流丁男此宮地處九宮一 已覺雕峻非常凡豐碑刻詔有守吏清齋薦福來羣闢承平九世物力厚範取金像煇嵒巘一代興亡付流水平秋廟貌依塵龕乃知鬼神盛衰猶人世不如出郭拄杖看晴嵐

九月三日將由穀城北上留別邑令黎樹堂表兄

吾兄今儒吏綰綬古穀國賤子挈家來東道欣暫息外家日蔚起阿母喜動色登堂劇歡讌談笑間悽惻憶昨里衖居烽火在門閾咫尺迫性命蹤

步有荆棘誰知千里外復此占衍食圖隸得沾丐囊訪親拂拭客中遇親眷飛鳥增羽冀惜君只苦留程限我已逼秋風漢陰來澄波望無極感我行子心慕彼高鴻弋君本牛刀手制行有邀幅近尤洞物情精可鑒鬼蜮吏才要天授能事在庖諞匆茲時會鄭重儲復孔亟取民戒其盈自用莫如啇觀君著大布醉飽當能克何忍豎相累日膳飫豚特燈火照離筵星月動銜勒詰朝將戒行握手珍頃刻殷勤奮家意努力念先德

長沙懷舊二首

張哲堂拔貢棫

學詩廿載前浮湘見吾友磨礱故相就畦畛復何有余少未知學寡薄尟所受君爲發其藏導我羣玉藪時時誦佳句稱道不去口亦復細爬梳疑滯爲析剖相期道義交文字猶培塿滴風生几席坐對每忘久隔牆聞呼

聲新月在窗牖歸來對高堂此友誠當取中亦閒合離終未廢繩糾一別長沙城歸帆逐南斗坐此音問乖時又遭陽九烽火幸安全微生困奔走道梗書未達忽聞正邱首方欲舉寢門執訊憑誰某天涯知己淚積恨若岡阜春風滿江潭景物變榆柳感此念神交寂寞騎荒朽登堂拜白髮龍鍾感阿母令子好眉目書卷儻能守遺詩尚可理吾當訂然否悠悠千載事九原不相負

黃虎癡丈 本驥

江夏吾父執得見髮已白才名五十餘忘年爲我客其地古龍標臘有騷人迹欣從長者游談笑藹羃展儒官本寒素器局不促迫雖無蒭豢好觴客備清醳羅列諸少年花下出歡劇華華媚學子問字親研席至今餘講堂八士思教澤賤子少爲詩出語無揀擇丈人不予棄裁以就繩尺平生

期許意珍重愈珪璧沅江一分手渺矣音塵隔昨者衡陽書密語吐肝膈誰知竟莫覩噩耗驚易簀玉樹早彫零緗帙復誰惜頗聞桐鄉葬遺命治窀穸懸知百年後俎豆奉宗祏遠道之生芻風義愧夙昔遥望岳麓峯孤松拄天碧老成不可見雲黯江上宅淼淼沅湘流扁舟遡安適

介邱

驪車上忌坂言念介子推古人重廉讓至死甘若飴慈母愛子名不顧祿養私竄身林莽閒絓組同塵泥俠氣先聶姊高風起萊妻如何禁煙節陋俗傳無稽徇名烈士腸忿懟焉所施害母以求名無異於梟鴟晉國亦霸國冒受兒童欺吾惟信肓左偕隱無贅辭至今緜上山高與首陽齊壺餐見德色薄俗良可嗤奉璧者誰氏要君空爾爲載念鴟夷子感歎龍蛇詩

郭林宗故里 在介休

陳蕃志天下不肎事一室林宗宿逆旅掃除去乃畢兩賢道則殊澄清志若壹林宗在東漢如華之有實不爲詭激論而有善全術斯人旣云亡邦國復誰恤空懷李尹舟不負中郎筆是邦古太原遺蹟聊可述道旁濺時槐高蔭蔽天日或有手澤存封植期勿失想見墊角巾小憩茲抱鄰茫茫風塵內誰覩金玉質旅館秋月涼夢寐古眞逸

柳子厚故里 在聞喜縣

幼年曾瞻柳侯祠壁間暗誦羅池碑稍長能讀河東集歎其鑱刻非人爲千年雲龍不復返尚有遺蹟留在茲子厚登朝正少壯及其貶謫乃在南天陲故知平生釣遊處定有魂夢相攣追人生壯觀貴適意豈論鄉井兼天涯柳州之山巉巉而峭厲永州之水淸激而漣漪鴻荒以後無人到天遣慰此長愁羈退之有言未肎以彼而易此我知子厚聞此當解頤頰疑

文中憤激語亦如潮州之謫生憂悲二子豈爲一身得失計但痛不可傳者泯滅而相隨鬱鬱柳城柳蒼茫神所依澹澹愚谿上煙波似往時揭來憑弔舊游處恍惚夢見天人姿河汾山水忽到眼悵望同抱千秋期瓊琚玉珮眞賞在黃蕉丹荔鄉人知招魂何日歸故里定有空山猿鶴來

萍矼大李同年以樞垣拜　賜哈密瓜見餉率賦報謝

纍道恩君異味嘗分甘包貢浥天漿綠沈遠帶流沙色纖縷仍沾

御案香每念時新供

賜果應知疆索在遐方江南橘柚還兵燹可鑿聯翩入

帝鄉

少鶴以言翁近作詩歌一卷見示

先生入世得丹訣名利如吹劍頭吷水火吾見蹈而死至人不濡亦不熱

危城萬衆汚𦳝腥脫身離亂誰能說餘生悲詫寄蟲沙半夜高歌出虎穴紙筆荒殘故物盡頗喜天尚存吾舌昌黎且乘下汴船杜老正聽擒胡月英雄自古有屯邅但藉豪吟破愁絕先生況有賢主人楊至堂河帥建封嚴武非其列殺青爲了名山事主講更有皋比設笑留此老豈尋常要使斯文不杌隉吾儕風義重平生章句刮摩倘疏節努力相期保歲寒異時登堂歌叠蠹煙煤一卷值萬金得共王郎詠冰雪

陳蓮裳同年鴻壽齋中消寒小集賦得望雪限鮮字

歲晚田事畢陰晴亦關天雖非農家流所願在豐年宿麥正蓊鬱揚塵欲滿阡曩者得雨膏潤下不及泉民依命我皇祟壇惟吉蠲同雲降晻藹修𤕤出連蜷庶因天鑒徵慰此羣望懸憶昨經冠氣稍覺農業艱儻非倉廩實井閭胡晏然吾徒幸不耕要自來田間

殷勤望歲心努力爲民先會當賽滕六里社從擊鮮

輓黎樹堂表兄三首

平生算兄弟中表最相親豈料經時別翻成隔世人寄書猶未達傳語恐非眞爲有高堂在悲君暗愴神

客中留我住秋後別君來草色仍歧路花光尙酒杯多情成永訣歸計恐遲回遥憶栽桃處明春更不開

故鄉八口在生事一官微室冷遺新妾囊空賸舊衣賓僚看狀泣父老助錢歸儻君論天道君家自得肥

冬月

窗光射兩目凍月小如丸照影豎毛髮淸吟徹肺肝殘雪看欲化嚴霜皓已團寄言茆屋子無衣良足歎

賈浪仙祭詩圖爲王少鶴同年題

古人有眞詩字字見心血著紙成丹砂精氣不可滅浪仙本佛子頗不躭禪悅索句或經年冷峭如削鐵亦復珍敝帚除夜牲醴設持用補吾神無使天機歇古人成一藝天全技乃絕郢斤鼻不傷庖刀刃無缺南華養生主此理實一轍我生苦勞形吟興近少劣便合賣癡歎聊用貪餔啜因君見此圖亟當瓣香爇

東坡生日集林穎叔壽圖水部齋中限用定惠院月夜偶出詩韻

是日僕不至聊和此章

玉局老仙眞天人下視人間一晝夜千載風流赤壁間九秋星月臨皐下平生尙有笠屐在入地精魂水銀瀉揮斥八極逍遙游太白騎鯨此其亞吾徒文讌夸歲閒一日更向坡翁借新聲快作鶴南飛紫裘青巾悵徂謝

至八閩海多好賢吏向城南闢精舍賤子朝醒猶未醒癡渴正思三節蔗
爇香一瓣私自憐百罰深盃吁可怕待從後約作追逋俗物且任先生罵

除夕二首

十載京華世態新國變燈火復相親久經戎馬身將老纔說鶯花氣便春
廊廟可無經遠略江湖猶有夢歸人辛盤餽歲渾閒事且放詩豪膽似囷
兒時光景記婆娑雙鬢星星可奈何海內朋交誰最少眼前詩債未還多
清談合向兵戈滅客路空教歲月磨要與天公乞閒暇好將文史補蹉跎

除夕理二十年來詩稿感賦

便得千篇也算癡且將老大當兒嬉無能鬭捷頻拈韻幸未因人強作詩
窄徑把牢防逸足堅金鎚碎冒留皮廿年心血分明在獨望千秋有所思

丙辰二十四首

申甫京兆同年前輩雪中過訪立夫少尹世年丈長歌往復情詞兼美喜而奉和此章

去年祈雪眞見雪喜遇朝車馬蹄沒今年立春兩日晴又見沿街飄玉屑官梅野店初吐香頁醞欲暖龜手裂畫眉京兆劇多情出訪同官坐相悅黃麞肉美羔味肥廚傳咄嗟供大嚼笑余烹茗舊家風捧盌難效蛾眉列盛筵蹉跎心頗歉好句傳觀氣先折頗恨老饕不解事踏雪追歡未排闥歸來好作呵母遺廚下親觀中婦割豈惟韻譜鬬尖叉復許吟闈授衣鉢用本事我生頗慕廣平公手賦寒花心似鐵醫國拙謀鬢欲絲感時孤憤腔盈血二君相待足青眼往往懸榻邀特設憶昨十載各天涯入夢湘山青齾齾寒燈呵手作細字紙短難解積思渴寸心幾作繞指柔旁人笑看鹽車折以玆縮手論成敗內念飲冰不敢熱充隱甘爲朝市居擕家恨少山

林窟春明同調二三子南望烽煙共愁絕兩君才調眞瑜亮會見秋風起雕鶻江南蟻聚尙成堆楚北狐蹤未離穴時艱匡濟正需才坐使兵氣銷日月平淮擒蔡何足多萬里金湯鞏無闕天心助順百穀登陽和頓轉羣妖滅本朝中興賴我

皇摩崖更劖浯溪碣萬羊充膳尋常事要養此身觀國活

春初侍飲壽陽師相寓宅承賜和霞舫少尹同年步韻舊作詠雪詩見示謹復和二章

鄉園清讌闊春燈此日歸朝得未曾紫陌泥香新燕壘滄江夢老舊漁罾豐年兆入花千片靜夜寒生月半棱重到程門親杖履勝遭泥飲向畦塍

小院空濛竹影篩知公猶下讀書帷愁生鐵甲嚴兵地喜見瑤階寶樹枝共保寒香珍晚節更教不藥當中醫公近養痾已占勿藥登堂便許凡將問雪夜仍

來送酒鴟

附師相原唱

大雪春窗話翦燈來年此會幾人曾天邊旅雁仍排陣冰下寒魚未挂罾深巷重過迷舊轍選山一帶見高棱草堂應記題詩處鄰舍花開卽馬滕

檐角朝晴日影飾小山朗朗透書帷雲開已有龍銜燭風定先聞鵲噪枝夢覺春回如啟蟄病緣寒減不關醫知君掃逕延三益載酒還容借一鴟

題汪仲穆同年睐藕漁詩鈔

才名三十載今見古詩人匠物雖云巧傳心定是眞中年常作客佳句不嫌貧老卻鶯花眼來看

帝里春

奉題少鶴同年近歲詩稿二首謹次壽陽師相題辭原韻

高青邱王漁洋藝綺漫淫閒中歲韓蘇合抗顏宣室不教對前席年年挂笏看西山

春明曾約比去聲鄰居戎馬歸來强著書一事與君俱退舍未能談笑靖鄉閭

聞粵中今歲可辦秋闈矣欣幸之餘慮其不信爰賦此章

鯨鯢豺虎鎮相尋省識蒼蒼厭亂心荆棘盡教生赤地謌弦直欲廢青衿似聞吒犢耕桃野可有飛鴞集頖林暫閱家書增喜懼幾曾消息到而今

三月四日集少鶴同年寓齋補修禊事是日爲少鶴初度自顏其齋曰玉池西舫用元人納新詩意也作此賀之

早過清明苦未知匆匆又及采蘭時偷閒一日從天補獨抱千秋與子期
別後幾逢春似海花前莫遣鬢成絲他年壽世揚雄宅應記今朝會玉池

莫春　耕耤恭紀二十韻

聖代粢盛備春郊典禮崇
四推遵
祖制千畝肇田功祈麥諏元日清塵應協風青壇開自北翠幰敞從東晉
淖明禋肅精虔抱蜀通鳴鑾過帳殿弭節降齋宮俶載親芟柞嘉生獻稑
穜洪縻仙露蕤黛耜曉晴烘鋤列畦痕靜膏流地脈融深耕資
帝力學稼宣
天聰佝僂農扶耒蜿蛇畟奏公采旗揚柳外玉輦杏花中野服施龍袞秩
歌入鳳簫臺登咨保介班進命臣工播穫維其始先勞本自躬環觀胥耆

老抃舞到兒童畢事神於穆歸途氣鬱悳艱難知白屋盼璽答蒼穹暘雨
徵時若倉箱慶屢豐願銷兵甲氣含哺樂麗鴻

春日寄妻兄劉玉衡 延璣 時以鎮江經歷寓居丹陽

郡曹偹治等懸車吳會春來感索居無處可沽京口酒何年更食武昌魚
巾箱黝盡經淫雨袴褶磨穿有斷裾髀肉漸生應感歎流光催老竟何如

四月三日葉潤臣閣長 名澧 孔繡山舍人 憲彝 招集諸同人於慈
仁寺展禊賦詩僕以有事不至賦呈一首

宋明啟初序陽暉散平陸人如山陰會地異流觴曲二妙張廣筵復此嘉
辰續繫余挂塵鞅未暇陪高躅緬懷羣公讌溫其美如玉勝引紓廣場琳
宮快遊目何必山與林城市有空谷何必管與絃天籟當絲竹朱葩敷榮
條鳴鳥嚶灌木感此大化遷悟彼春華速功名未及建儒冠倘雌伏仰古

殊觥觥俛時增娽娽志士惜寸陰達人知止足靜動本難齊趣舍互相觸耿耿夙昔心時哉去不復頁會忝佳招作歌報君辱

六月初四日蒙　恩補授通政司副使感述二首恭和壽陽師相

南齋奉母補官日紀　恩原韻

清班轉綴五雲西牟級欣看九列躋仙劫已隨丹鼎換世謂翰詹大考爲神仙小劫冰銜劣與玉堂齊關心朝右論嘉肺署有登聞鼓掌達窮民入耳天南厭鼓鼙敢信儒官能報國要將民病起蒿藜

金鑾珥筆喜瞻

天三月論思近

講筵出處一官惟愛日功名幾輩到凌煙傳衣忝附師門盛返哺同邀

帝鑒憐臺省本非藏拙地樗材幸和紀

思篇

寄內弟何鏡海應祺從軍漢上以詩文見示二首

試問從軍樂也無鼻端呼吸走於菟清朝拔戟千人閙靜夜防身一劍孤

江介功名輕渾濬陳前談笑失孫吳元戎自是矜裘帶應怪儒冠膽氣麤

天教戎馬鍊儒生文筆於今老更成橫槊賦詩聊復爾飛書馳檄底須卿

娵隅語險宜相笑競病才高恥自鳴射獵讀書俱夙願可能歸去待時清曹孟德言少年時欲秋夏讀書冬春射獵作二十年規待天下平然後出仕耳

歐陽文忠公生日林穎叔比部王少鶴同年招同人集楊椒山先生故宅松筠庵敬禮穎叔所藏文忠遺像分韻得扣字

舍人昔在京曾作去聲歐公壽道光丁未邵蕙西舍人兄曾闕歐齋奉公遺像始集同人爲公壽風塵幾十載艮會一朝又故交散江湖文讌尚耆舊選勝松筠庵異代有同臭當其

移書責詎殊抗章奏堂堂朋黨論正直衆所詬遭逢有坎坷於公特邂逅
至今傳畫圖儼輔見豐厚山水入胸懷風月在襟袌摽然鸞鶴度諦視不
敢驟頎頎晁子言遺似取神搆大賢去已久此意吾誰扣如誦廬山謠雲
外緬高秀尺幅眞宋筆
天章耀奎宿流落經兵燹至寶從子覯吾徒感今昔至人猶宿留積雨生
新涼秋聲瀉石溜愧乏醉翁曲聊假芳樽侑寄詫歐齋人夢周行當復圖中有李端叔晁說之兩贊眞宋物晁贊有大賢在是何必其似之語乾隆間尚書裘日修進呈　御題因以刻石滁州署西舍人所奉者即石刻本也此圖尊藏滁州庫中比來寇亂流落人間今歸林君神物之遇合非偶然矣

學紡圖四首爲孔繡山舍人尊嫂題

朝見棉花發暮拾棉子歸將花治作棉織爲身上衣
案頭一疋布機中千縷紗誰見貧家女秋風鳴紡車

東鄰工織縑西鄰工織素不如阿儂家日課一疋布
令人高門女持此論家計何必七襄機素風聊可喜

寒宵稱藥圖爲繡山舍人賢母作

停勻包裹赫蹏方燈火寒宵遠寄將幸不愆期姑待哺還如飲藥子親嘗
北堂萱護三春草老屋烏啼五夜霜堪歎勃谿成薄俗繡絲乞與細評量

瓢城餞别圖爲繡山舍人尊甫年丈題年丈官直隸之鹽城有循
聲以糧艘守凍鑿冰愆期八日被議革職圖中多彼地紳民贈送
之作亦詠歌德政之遺也

瓢城水何清清長官來安我民我民安長官去鑿冰冲冲抑何苦我民不
力致官詿誤官曰徐之毋傷我民我去爾邑如瓢之輕民曰官乎如何忘
我羣訴而留吏不我可層冰皚皚高船峩峩冰開船駛當奈官何圖以永

思是用遂歌

陶凫香少宗伯前輩以初秋遣興詩見示是日適談錢竹汀宮詹王述菴司寇軼事皆先生師門也勉和一章呈教

名山萬卷有書藏耆舊如公始足當晚歲愛才緣宿好早秋索句趁新涼日行千步身恒健恩遇三朝老未忘若向錢王論衣鉢十年前已僭靈光

題孫鶴航閣長擬薇郎春讌圖

畫省含香舊舍人盛筵猶憶曲江濱眼前豪儁紛紛在日下鶯花歲歲新佳話聯翩留館閣英才談笑出風塵淩煙圖畫皆吾輩傳語仙郎肎負春

江漢歸舟圖爲葉潤臣閣長題

武昌官柳初飛緜漢南春水高拍天鳴鉦伐鼓遞相和市樓歌管聲喧闐

來江城郭半隱見沈沈萬井騰炊煙夜來月上波浪息畫艇葉葉如秋蓮
紅燈照我過江去還聞黃鶴一笛來飛仙商婦倚船弄絃索估客買醉拋
金錢人間風月幾曾見定與吳會爭新妍壯遊十載不到此遠聞一炬焦
可憐披圖令我慘不樂知子有意歸無緣憶昨金田起妖鳥烽火遠照湘
灕間一朝燎原勢莫止坐令鄂渚飛腥涎跨江爲梁豈天意艨艟大舸遺
糱羣醜歌舞晝寂寂荆棘嚴變桑麻田疆場無人貔貅老毒霧不散龜
山顛（即大別山）金陵東望亦如此繁華浩劫眞相連春風汀洲花欲然碧波芳
草紛葱芊眼前好景歸不得卧遊凝睇空潸然瓢生三宿心拳拳亦有梓
里遺時鞠何年置身圖畫裏一櫂徑刺瀟湘船

七月初五日提督向忠武公（榮）卒于軍詩以輓之

蒼茫天意竟如何百戰功名困枕戈早見攙槍來馬援幾曾遺矢誤廉頗

沈沈夜壑聽妖鳥攫攫沙場起病魔贏得英雄空灑淚何年遺憾洗江波
半壁東南戴二天陰功何止活人千穰苴門蔭諸孫在葛亮香煙萬戶連
毅魄有靈終殺賊忠臣得死即登僊九重莫更聽鼙鼓回首風雲已黯然

江西蔡小霞封翁八十而誦蓼莪不輟喆嗣梅龕太史前輩乞言賦此以贈

玉堂清閟本宜仙更有靈椿歲八千彭澤舊尋高隱傳匡山猶憶讀書年
蓼莪句熟渾忘老華黍風高足象賢欲做東坡壽安道愧無鐵杖壓詩篇

壽陽師相出示江天極目圖盖爲介弟幼章中丞金陵殉難事作敬賦一章

噫嘻乎悲哉癸丑二月金陵事未解人謀殆天意疆臣見賊即驚奔上游
雄關眞坐棄歸來閉牙乃三日不飲胡爲遭此醉巨萬白金齎盜糧五百

紅衣輸利器平時口舌賣神通臨事干戈等兒戲飄然一舸出江陰呂姥蕭孃更相繼巧婦難為無米炊空城郎是埋憂地忠良得死勝登天噴血岧嶢身早致致身者誰方伯公平居木訥真英雄鄂州救災有成績嶺海破賊惟孤忠當時若用軾為將未必長江萬里驅艨艟不然安坐為子守亦足激勵士眾當賊衝奪其憑依致之死遇人不淑負天窮時危始識巡遠力命蹇未奏睢陽功抉目要覩吳寇入異代孤憤將毋同是時黑雲蔽江郭鳴礮聲乾隳烏鵲風起白波戰氣腥帆連黃浦妖氛惡裹革應深故老思覆巢尚有英靈託忽見中書老令公羽檄驚飛淚先落寄書未達況休兵陡摧棨棣罡風虐封圻恨少百夫防門第先看一个弱江天極目不勝悲畫圖寫意空寥廓中原幾日慨才難休怪迂儒掩卷歎未必鷹鸇負得路可憐袞帶早登壇武昌自是無陶侃江表何緣有謝安昏昏毒霧三

年在攝攝江關半壁寒當年鑄錯果誰手至今武士羞儒冠九原若起公等輩庶使狂寇驚范韓令公家國事如此撫圖未解憂心慱陰兵殺賊會有日鐃歌破陣行當看

食蠏和王少鶴

我生山水窟方物獨無蠏時新首魚蝦蔬食雜苦蕒亦讀爾雅書未得蟛蜞解時時觀畫圖持用詫童騃多足夔憐蚿銳鳌角觸鷹鼓腹肖蜘蛛突睛類蟗蝺粵人名蝦蟆爲蟗蝺卻疾厲鬼怕入夢閨人駭老饕獨流涎欲往從脫蹝廿年江湖遊芳鮮致滇澥異種辨蠔蟶珍味嗜酪孋朝來食指動筮卦恰得解蘁橙辛可芼醯醢香宜灑橫行固可耳餘怒猶獝獝獝獝豪强貌見丁度集韻家庖斥不御食單有程楷專享吾已厭復進可無貿每思攫搏際水石聽擊䮲彭亨饗䵷頑踞跚跛䠐矮跳兔爾何能熬羹强拉攏口腹豈吾事小鮮

安用夥允懷坡老言江岸從放罷持此和君詩問字親鉉鍇

伯言先生詩集刻本題後

北宋名家吾已許（丁未都門讀先生詩稿即以北宋名家相許先生以爲知言）先生聞此意欣然秖因時妝廣半額故學老漁烹小鮮一代文章有眞賞千秋名論要相鐫弄風桃李爭春笑落落人間無古弦

浣月山房詩集卷三

浣月山房詩集卷三

浣月山房詩集卷四

別集

臨桂　龍啟瑞　翰臣

癸巳七首

春日訪友人村居

花外暖煙橫尋花曉出城君家居栗里幾日看春耕不識郊原路惟聞雞犬聲林閒見衡宇握手笑相迎

黨人碑歌

碑在柳州融縣南渡時黨人沈千之孫暐所刻

今春有客玉融至開篋惠我黨人碑元祐去今七百有餘載乃有諸賢姓字照耀南天垂古雲沈公清節後勒之巖石增光輝碑爲三尺字徑寸後有跋語紛珠璣温潞兩公實弁冕餘人三百行列齊南渡以還弛功令翻刻詎有國法治邇來陵谷又幾易尚無剝泐洗沙泥空山月白秋雨洗魅

魑走避神扶持摩挲此紙長太息徽欽喪亂誰實爲巨奸擅國盜國柄元黄顛倒無是非借名紹述傾善類死者追奪生編覊小人快意那有此一網打盡無子遺大書刻石布州縣茂視四海如聾癡長安石工不肯刻莫謂直道斯民微正直感天應星變詔令除毀傳遂稀此碑可毀名不滅言出彼口終何迷豈知人心正復如君意惟恐此籍缺無稽碑立旋仆仆復立流芳遺臭今爲誰又如張曾諸人雖謬列水清石見原纍纍其他碌碌半皆史無傳幸附驥尾傳來茲奸邪有知當氣奪此石翻似銘功辭屈之一時伸萬世徒與論古增欷歔君不見洛陽啼鵑兆亂本人亡邦瘁悔可追

江樓晚眺有懷

滄江昏欲暮燈火萬家然夜色不沈水艣聲遥在煙游魚驚岸側歸鳥過

窗前無限思君意樓中待月眠

斑竹巖

杜宇嗁煙遶谿谷流水潺潺數間屋叢篁掩映夕陰早月上湘靈不會出蒲坂平陽路幾千南來帝子終不復至今血淚灑江干細竹蕭森為誰綠荒林夜夜雨和風鸞凰叫裂陰青蔥翠旂捲波作飛雨精魂暗泣空山空蒼梧雲斷悲重瞳試看此竹閱千載古暈斕斑色猶在樵夫牧豎日摩挲東南凝霜終不改巖前風景何淒清多少行人江上行君不見古人誠意貫金石誰言草木獨無情

江亭

寒雁下蒼冥人來江上亭草含秋氣白山入夕陽青遙望蒼梧野空悲帝子靈巖深斑竹裏風過水泠泠

將至橋口泊舟後登岸晚遊

忽見江頭鴻雁飛，白蘋初放柳條稀。炊煙幾處人家晚，新月一聲漁笛歸。誰解招魂悲屈子，曾聞鼓瑟怨湘妃。殘霞斂盡西風起，欲採蘅蕪香滿衣。

登華蓋山

華蓋亭亭逼翠微，天臨遠勢鬱崔巍。荒苔雪盡野猿下，晴日山空羣鳥飛。桃谷北來連地脈，廬峰西望接烟霏。荒城斗大無多景，贏得嵐光滿袖歸。

甲午十五首

舟中即景二首

兩隄煙柳碧如絲，忽閒薔薇三五枝。牧童閒睡溪邊石，過盡行舟總不知。白鷺斜飛一點明，村家屋背曉煙平。疊山層嶺不知處，風落時聞瀑布聲。

柳青青曲

柳青青花冥冥越溪女子揚空舲揚空舲江之滸子規亂啼梨花舞習習東風吹作雨日暮兮片帆愁絶兮湘山待夫君兮不至任江頭兮往還

贈馬六

瀟湘兩月未曾歸同向江城泊夕暉爲訪鄉音勞問訊蓬窗招手白鷗飛

望衡

日照芙蓉面面開雲邊高峙祝融臺天垂楚越南荒盡地壓瀟湘左折回祭秩尚沿虞典在登臨誰讀禹碑來何時絶頂攀高閣一爲靈宮闢草萊

東郭行

出行東郭橋傴僂逐飢鼠㸌㸌秋蓬間老翁共兒語試問語者誰答言老人女生小在膝下從未相離處去歲靖州苗逆氛震南楚舉家逃倉皇朝夕寄逆旅荆妻大勞頓昨已謝塵土只此一塊肉嬰嬰口尚乳老人行且

邁彌波閱寒暑微軀且不保兩口難支拄常見大家門蛾眉教歌舞香車碧油幰侍從或三五踏青曲水湄春風醉羅綺行廚進珍膳牛酥及鹿脯自度生貧家何如役纖戶得錢數千百亦可充庖釜觀君好骨相必是貴家主願攜此兒歸廁之婢妾伍嬌頑不如意大德自寬撫區區牛馬心價直惟所與同頭顧女言我非忍棄汝汝隨我奔走糟粃不得餔何如事大人衣食自華膴長大聽婚嫁更無煩筋膂我終聞此言愴然摧肺腑方今大聖人德澤八方普老幼貴有終鰥寡必得所何爾兩父女獨此罹愁苦投狀告有司授廛爲爾處春風萬里來共登仁壽宇

由全州抵武岡道中三首

路入深山裏諸峯盡倒垂澗留秋後雨藤掛古來枝店遠投常早村荒驛每遲巖居行客少相顧莫相疑

辭店聽雞鳴晨星屋角明巖關隨月度古驛共山行露冷霾蛇蟄煙空野鶴橫輿人攀陡苦安坐豈忘情

半日逢村落桑麻別有天獠人種布熟蠻女卉衣鮮趁市來朝日歸炊起暮煙忽驚人語響遂獵翠微顛

晚宿連村二首

夕陽已滿山征輿猶未歇晨吸水上煙夜枕峯頭月野曠人家遠泉聲弄幽咽隱隱聞吠尨投宿客心切炊煙已在目趣途尚九折敲門見主人湫隘不得說僅僕相環臥燈火照明徹寒風西北來森然萬籟發撫枕一高歌殘宵破清絕

喔喔晨雞鳴征人思遠道出門試眺望空色看未了幽鳥自鳴山繁霜猶在草平皐露野田絕澗秋藤繞時見數農人行歌出木杪相逢問前路語

罷諸峯曉

古寺

古寺郊原外年深半薜蘿豐碑遺字少喬木古陰多池暗蛟龍窟簷空鳥雀窠誰知荒寂處靈爽尚撝訶

武陵夜泊

江風吹下管絃聲五夜扁舟泊月明一棹清歌同聽處遊人爭識旅人情

代內子見寄

一自君行後江城增暮寒不知前夜雪相隔幾重山

舟人行

水澌澌石齒齒江上寒風吹墮指舟人負纜效蛇行短衣四挽雪沒趾冬來水落復逆流日行不及三十里舟中狐裘誰家子清酒一壺鱠雙鯉鎮

日金爐獸炭紅苦寒不到蓬窗裏薄暮維舟作晚餐猶恨行遲瞋不已大呼催趁舟人起起來風勁篙無力舟人辛苦行人喜

乙未七首

經劉氏二孝女墓

孝女明萬歷間人養親不字墓在河南正陽縣南馬鄉相傳卽昔所居處也有碑載其事蹟甚詳過此敬賦

道旁並耕者誰子後者妹前者姊首無簪環身無文綺路人嘖嘖稱曰孝女之里 一解 女同懷兮六人中無兄弟兮上有白髮親惟二女守貞不字兮侍吾親以終天年 二解 飢何以爲老人粟姊荷犂兮妹叱犢寒何以爲老人衣妹績麻兮姊鳴機 三解 兒飯糟親含哺兒敗絮親綈紵阿翁笑謂阿娘生男不如生女 四解 天爲翻兮地爲覆淚乾血盡兮不可以身贖欲

葬無棺斂無服五解　五寸兮白茅三尺兮堂坳煢煢雙息女醜泣甘寂寞六解　空房夜聽慈烏鳴疑作爺娘喚女聲思我二人淚縱橫七解　親無子兮兒何必夭生當奉親麥飯盂死當隨親黃泉廬八解　驅車墓門兮宿草青青豐碑卓立兮俯誦遺馨繄二女者豈爲女中之賢兮抑千秋孝子之型九解

楊柳枝

去年折楊柳江頭贈遠人今年人不見楊柳又經春向日舒金縷因風展翠蘋玉關無此樹免使更傷神

道中雜詩三首

香河河畔岸痕低雜沓泥沙上馬蹄繞過夕陽新雨後亂流春水不成溪

店前薄冷上征袍驢背分明曉色高積潤未消塵不起草青煙白過南皋

聞說高唐古善歌千年遺調感陽阿車中亦有知音客欲聽爭如別恨多

家書至

久客盼家書色笑入夢寐侵晨得一紙喜極轉疑僞雁奴催我書有書早郄寄明窗展尺箋爲我遊子意方其未書時中有千萬事如何當執筆不能成一字平安祗兩言已慰門閭思

送王春濤同年下第歸里

爲有家庭樂君行未可留春晴太行雪月滿洞庭舟我亦思歸客翻教賦遠遊南行湘水上有句寄懷不

丙申十五首

寓居保安寺贈閔鶴雛一首

清宵散步出廻廊微雨初晴一苑涼閒看樹搖知鳥宿靜聞風過辨花香

春寒似水流難盡客意如絲理更長惆悵小窗同翦燭說詩仍記夜聯牀

漢高祖宴沛宮圖

老嫗夜哭大蛇死沛邑龍飛赤帝子三尺迅掃神州定千騎萬乘還鄉里
佳氣葱葱繞故鄉芒碭之下煙雲翔兒童但望旌旆影村叟來依日月光
道旁俯伏不敢仰口稱臣民悉稽顙此時快意那可論却憶當年作亭長
家庭置酒重盤桓浩歌一闋天爲寒舊日韓彭復誰在旁人未識春聲酸
長安西望春日曉惆悵翠華歸太早復民世世傳子孫德意區區留父老
君不見天目山前錢王歸大樹將軍亦錦衣

擬塞下曲二首

塞下逢健兒黃昏荷琱戈行人相借問但云戍交河一言聽未畢躍馬如
飛梭征塵不識路大將今爲何始皇築長城役夫起謳歌李牧守代郡牧

馬不敢過强弓與勁卒得人不須多

朝辭鄉里行暮宿榆關下狂風振沙漠蕭蕭作黃雨鳴雁西北來山前迸
驕虜殺敵只一箭成功無再鼓手提血髑髏軍門擂大鼓

過寶店

垂楊不與繫征騑十里青青送客歸落日淡含山影瘦晚風晴養豆苗肥
老農田畔分秧出稚子村前打麥圍多少五陵年少客道旁車馬自光輝

漳河懷古

漳河東畔魏王臺銅雀遺基隱草萊慷慨中原餘霸氣蒼涼樂府見詩才
荒陵誰識當年樹片瓦難尋劫後灰滿地黃沙明月夜漫疑歌舞美人來

岳陽樓

岳陽高枕洞庭波壓檻君山擁翠螺郭外人家秋雨淨湖邊鷗鷺晚涼多

東行估客趨吳會，南下征帆作楚歌。俯仰未忘憂樂意，漫憑風景弔湘娥。

黃陵廟

碧水微波岸草齊翠旂來往傍江隄祠前雨過湘灣靜檻外春深翠竹低
月夜幾聞珠珮響花晨時有野禽啼當年未識蒼梧道何況江峯望欲迷

中秋對月呈王鵝池姑丈及家穀士兄

去年今夕在長安酒肆狂歌踏月還今夕長沙同玩月長安復有幾人看

寄周受田蜀中

燒燭劇談猶昨事趨庭蜀楚忽天涯清秋得句風生竹良夜思君月在花
巫峽有雲來五嶺湘流無路去三巴階前愛日同珍重莫爲離居悵歲華

朱少香銓部同年歸省晤於長沙賦此贈別

一別都門道重逢湘水湄未來思累月相見語移時豈以服官始而忘將

毋詩欲留還不敢應恐倚門思

風急白波寬征帆下楚灘近鄉爲客易無友送君難鳴雁不知處數峯相對寒前途方雨雪行矣願加餐

重陽步王鵝池姑丈韵

重陽秋色徧天涯涼意瀟瀟向晚加自可放歌傾綠蟻肎教陰雨妬黃花幾年作客增鄉思舊日登高感歲華北望燕山懷旅蹟晚風吹送雁行斜

擬玉階怨

金井梧桐樹無人知可憐多情一片月夜夜到階前

擣衣詞

東鄰擣衣女夜夜無停絕枕上側耳聽其聲凄以烈借問何太苦寒宵大風雪答言妾二十來作君鄰婦半月見夫壻即戍遼陽口遼陽阻且長未

識在何方音信相隔絕衣物難寄將年年鷓鴣啼頸拂中堂機年年秋蟬
嘶便成新絮衣新衣費刀尺舊衣莫棄擲汲彼古井水拭此空階石着我
舊羅襦圍我纏腰帛風乾石響燥桐虛手力薄一聲復一聲秋月照人明
定知今夜月別恨滿江城城邊多宿鳥飛鳴帀木杪城下多蟲吟幽咽如
難任寒衣幾日到霜雪愁相侵遠人何時返長夜含苦辛妾心何所似似
此擣衣砧滿砧不改音賤妾不改心願言謝君子鑒此區區悰

丁酉二十八首

古詩

皇風扇八極流芬被歌頌虎觀儲羣材珥筆親侍從彬彬儒雅林海宇知
絃誦我生西南隅奮翼追鳴鳳八桂擷秋英芳華腕閒送長遊屈宋鄉山
水恣吟弄古人雖已往遺編得錯綜道以名理超文因儲實重悠悠千載

餘此意知誰共

白玉易爲瑕素絲易爲緇絲玉豈不貴皎皎非所宜衆人譖謡詠美女憂蛾眉英華不自愛垢辱時隨之優游本吾道何乃自苦爲卓哉老氏言退讓守其雌

淮陰行仗劍出胯等侏儒子房遊下邳納履執區區古來將相才降志夫何殊一朝際時會志與風雲驅將卒負前弩王侯載後車功成垂永久忍辱甘須臾當其俛首時俗士嗤其愚不能爲處子焉能爲丈夫

古聖肴制作文明開鴻洞明堂及淸廟立意殊愼重宗儀載方册其數恆錯綜陵谷旣已遷文獻亦無統茫茫尋墜緒徒抱切齒痛豈無糟與粕汗漫充梁棟精意苟不存空文復何用惜哉議禮儒紛紛如聚訟

題路華甫先生秦淮水榭圖

先生生長屈宋鄉口吸元氣吞瀟湘先生壯遊登桂嶺灕水澄清看倒景
平生未作故鄉居獨念秦淮風景殊夜夜簫聲和月度家家柳色映樓疏
金陵虎頭擅三絕慣將彩筆描風月手寫家山贈故人要與煙花慰離別
晴窗撫圖縱吟眸此身似載秣陵舟指點溪橋及水榭彷彿紙上聞清謳
憶昔此水經秦鑿五百年間王氣弱往蹟匆匆送六朝金粉餘風恣歡謔
臨春結綺久成塵野鶴空歸舊城郭更有當年白練帬後庭一曲同蕭索
不見江頭打槳人但見潮生復潮落祇今全盛富鶯花白下青溪半舊家
門第漫將王謝比風流不數頓揚夸由來勝蹟人爭豔況是阿儂舊鄉縣
圖中便作卧遊身蓴菜秋風未堪羨我生雅抱湖海情揚州三月夢思縈
何年買棹秦淮去團扇歌中載酒行

又題莫愁湖圖二首

舊蹟城西打槳遊平分煙月占風流江南本是無愁地豈獨湖名有莫愁
當年艇子繫西東楚尾吳頭悵碧空指點煙波似眉黛分明人在畫圖中

送春

陽春如佳客欲去安可留春風亦舊識遽別不相謀紅葯日以繁綠竹日以脩落花經雨漬細草隨風柔巢泥倦乳燕林雨歇鳴鳩手攀楊柳樹目送江水流江水阻且長春意與悠悠迴首問春歸春歸定何處門前芳草迹他日來時路

五月十二日夜紀夢

春山瑤草紛葱芊搠之不起如蒼煙諸峯突兀撐青天夢中不識巫峽與三島但見雲霞縹渺凌飛仙仙人騎白鶴招我往視玉洞飛來泉明珠百斛瀉滄海腥氣凝雜蛟龍涎青天滂沱萬萬古淫霧不散蒼松巔中有一

人酌天酒飲我瓊卮酣滿口坐我蒼茫十二樓的爍星辰繫雙肘但看塵世走元駒那識浮雲變蒼狗我欲從之學長生仙人笑指青霞城君不見唐李鄴侯又不見漢張文成男兒大事身未了金鼎刀圭誤殺人我聞此言意非薄迴首雲山見飛鶴口中猶帶瓊液香曉日殷紅動高閣

易貞女行

女湖南湘陰人許字同里朱氏未嫁夫沒女聞訃欲往奔喪父母難之未逾月伊鬱以終邦人競爲詩美之因賦此篇

湘流飲恨不得泄北走洞庭聲嗚咽貞魂夜泣黃陵宮楚些一含酸斑竹裂易家有女年十九納吉已卜諧嘉偶但知蔦蘿施喬松豈料霜風摧弱柳兒身未入朱氏門兒義已爲朱氏婦易服奔喪堅欲行阿母愛女難爲情中流空挽柏舟住日暮幽閨猶哭聲此時姑姊同淒惻衣箱鏡匣無顏色

豈無鴆酒與金刀貽累耶娘計非得形羸志隕朝復宵老烏啼血風蕭蕭天遺九原見夫子冑留人世悲兩髦乃知女兒亦有從容死金石成性逾男子我欲書之冠彤史

自君之出矣

自君之出矣蘭室無容光思君如絡緯日織不成章

贈張芾卿四首

余昔泛沅水舉目眺川原芳洲無雜草惟有芷與蓀今茲來湘浦假館託朱門主人何磊落故里家風存相見快夙昔慷慨發高言清風驅溽暑月出臨前軒篋中攜新詩開卷共討論去取戒唯諾賞析忘晨昏豈伊世俗態務期古道敦古人師一字況乃千璵璠從今佩蘭臭永矢無敢諼

廣陵抱遺響高絃常獨彈不惜音節古但恐知者難空庭發浩歌思來如

無端仰企追陶謝，俯懷悲杜韓。斯人久不作，元氣忽彫殘。願言同心者，彌縫使之完。進爲升庭芷，退則滋畹蘭。勉矣千秋業，吾道從所安。

君家承世德，幹濟兼文武。嚴君大方鎭，建牙督南楚。雄威震諸苗，遺澤懷舊部。後起盡有人，非子莫敢許。荆衡在懷抱，湘漢滌肺腑。遺詩勉令名，高誼逾縞紵。賤子愧實深，感君交道古。何以酬君意，請即用君語。世胄貴穎脫，運甓方櫜虜。濟川非一楫，擎天非一柱。願君紹前哲，相期作霖雨。

吾鄉多桂樹，託根南山陽。鬱鬱百里間，柯幹何青蒼。綠葉挺春露，丹華淩秋霜。結實辛且甘，氣淑逾椒薑。鳴梟屢回顧，鸞鳳雙翱翔。地僻道且遠，誰爲挹芬芳。折枝贈君子，締以芙蓉裳。

將之龍標留別張芾卿一首

離亭十里芰荷香，暫欲開帆更引觴。此去芙蓉樓上望，沅江流盡是瀟湘。

龍標有芙蓉樓爲王江寧遺蹟

喬口

落日洞庭西孤帆去鳥齊林深知霧重江遠覺天低野色連吳盡春痕入楚迷年來江水上芳草幾萋萋

沅湘竹枝詞二首

綠蘿山上芳草肥綠蘿山下鷓鴣飛芳草鷓鴣年年有郎在吳江歸不歸

江上老翁已白頭一生未出楚江遊年年自種江頭柳付與行人綰莫愁

桃源

人生豈必學神仙丹竈何若桑麻田桃源山人得此意洞中一隱輕千年長城役夫萬人急相攜競向深山入兒孫生計半漁樵鄰里衣冠但簑笠中原逐鹿何紛紛物外優游兩不聞道旁過者那得識惟見前山多白雲

流水桃花苦多事溪頭誤引漁郎至方知漢魏歷三朝不信嬴秦終二世居人鶴髮半童顏相對眞如隔世看仙源有幸留不得漫尋熟路歸塵寰歸來更遣偕人去但見桃花香處處清境空迷咫尺間便覺遠隔仙人路君不見酒陶日月老柴桑田園之樂眞羲皇山水自清風日美桃源風景亦如此南陽高士君誤矣

晚泊一首

長途半已暝餘暉戀絕壁仰視林薄間人煙何歷歷新月海上來寥空破幽寂千里無纖塵疏煙淡如羃何處漁舟來隔江弄秋笛

清浪灘

石根蟠江底千形露倔僵十里作雷鳴波瀾怒相盪扁舟泝逆流顚簸隨俯仰去石不盈咫取徑安能廣變態、一纜直力齊萬篙響默坐但屏息形

神增惝怳平生江與湖及茲失浹辯焉得鞭石術驅之東海往利涉盡坦
逖江水平如掌

鸕鷀謠

有鳥有鳥名鸕鷀呼群結隊江之湄紫褐為衣碧玉觜終日乃受漁人羈
沒水取魚心計巧專為漁人作牙爪大魚貢盡小魚烹何時見汝得一飽

即景

漁樵居止處山徑任橫斜秋草碧千里夕陽紅數家潤雲還作雨巖樹自
開花愧汝幽棲者閒中閱歲華

辰陽舟中

亂山如馬走黔西千里苗疆靜鼓鼙斜日人家疏雨外青蘼花發野煙低

將北上呈黃虎癡先生兼留別二首

岳麓有古松言植自六朝涼風振枝葉獨立何蕭蕭下則盤幽谷上則淩層霄化龍有直榦棲鶴無凡條工師不敢度匠石不敢雕本心一何勁歲寒焉能彫我來撫美蔭長嘯高空寥大才自千古榮名非一朝天生此晚節豈爲桃李夭所以復盡姿凡木仰孤標

朔風送寒氣行子生違心出門試眺望飛雲鬱高岑僕夫趣我駕四騎何駸駸壯遊豈不貴惜別良難任朝發瀨陽渚夕宿枉川陰因念君子室清琳橫素琴良晤方未久川原阻且深依依臨路歧躑躅發清吟懸知南來雁定多別離音

瀨陽舟中聽雨

北風吹雲墮江水下入深潭起龍子倒吸江流飛上天一雨傾盆疾如矢是時蓬窗正高卧嚴寒未敢披衣起驚魚半躍寒波面宿鷺亂叫蘆花裏

坐覺打篷千萬聲羯鼓紛紛差可擬何必定種窗前蕉即此已足清俗耳
年來强半在江湖未覺煙霞氣味疏但使扁舟富魚酒推篷偃卧眞良圖

聞雁

汝正南飛我北來年年相遇楚江隈半天風雪蘆花夜驚醒離人夢幾回

戊戌十八首

漢陰

百尺奔灘怒欲鳴兩舟相邊忽砰訇江姝明鏡宵無影河伯靈旗晝有聲
隔岸樹隨沙陣失臨江雲雜浪花生由來漢廣眞難泳莫怨風波滯客程

寄懷張芾卿

寒重識更深挑燈尚苦吟無眠疏短枕獨坐對清砧誰與共幽賞伊人邈
素心欲依明月影飛夢楚江潯

和芙娉女史題壁絶命詩疊韻四首

女史不知何許人戊戌春予與北上諸君宿邯鄲旅店見壁閒小洲氏詩跋知女史有絶命詩一首在褡褳店旅壁閒又清風店壁有與其兄期雲唱和之作小洲並得見之且疑女史爲南中閨秀隨宦京師許字故里未婚而孀其兄送歸壻家投繯以殉今讀其詩殆信然也次日道過褡褳店停車訪之果得於所謂河南店之東壁竊其情詞淒惋書法端麗定爲閨閣手蹟無疑爰步韻成詩四首屬諸君共和之

猶從壁上留題處想見當年掩淚時憔悴那堪爲女子從容原自勝男兒
春蘭已盡無多露秋柳猶餘未斷絲添却眼前多少恨行人拂拭誦新詩
守義已拚身一死小鸞羞說返魂時人憐薄命同秋草天妒奇才到女兒

賸有淒涼題錦字誰將哀怨譜琴絲此行惆悵淸風店不見聯吟柳絮詩淸風店壁之詩已爲俗子所污

宛轉柔腸將斷日分明心事未歸時由來寡鵠難爲女故遣明駝遠送兒

弱質自憐身似葉苦吟爭奈氣如絲傷心棣萼重經日忍和湘陰墮淚詩期雲北旋後見此詩曾有和作題於壁惆小洲猶及見之今亦爲店主人堊去

徒聞海上成仙日女史淸風店遺句云金玦已成千載恨玉環難得再生期已是曇花過眼時大地無人容作女老天何事定生兒空餘殘雪留鴻爪無復喬松施兔絲惟有芳名知不朽待誰重選玉臺詩

附原唱

四千里路還家日廿一華年絕命時入戶羞稱新媳婦懸梁誰惜女孩兒身如秋燕都成客死到春蠶尚有絲多少行人應墮淚讀儂題壁數

行詩

峴山

曉日連巴國，長江浮楚天。爲過襄水曲，言陟峴山巔。不見遺碑在，空懷叔子賢。登臨知幾輩，蒼翠故依然。

舟次沙陽將由此歸省龍標留別同舟諸友

懸知明夜江頭月，分得清光送客歸。漢水雙帆向東去，沅江一雁傍南飛。前途采葛應相憶，後約看花諒不違。從此離居應努力，天涯莫怨寄書稀。

對月有懷用受田歸省蜀中李阜峯歸省閩南周稻村閱鶴雛李鼎西旋里

分飛鴻雁各天涯，極目關山隔暮霞。千里相思惟對月，幾人作客未還家。春來遠道迷芳草，別後豈無感落花。料得舊遊堪念處，一時同首望京華。

晚眺

北斗依山靜滄江入夜深時聞幽谷裏清絶野猿吟游子看雲思佳人采藥心思鄉與懷遠惆悵兩難任

過沅江諸灘

亂山勢東江流高浪花飛撲如桔槔巨石當之不肎讓激作百萬軍聲囂江心自廣石爲隘往往逼仄難容刀舟人習慣知水性迴旋宛轉隨飛撈還言使船如使馬驅策但藉篙工篙山頭負纜勢絶險雙足健捷過猿猱捫蘿目眩易失手頃刻性命輕鴻毛中流時有老蛟虬深林但覺飢鼯號巨靈擘山世無有惟天設險安能逃吾儕要當本忠信直視巨浪同濮濠扁舟曾過洞庭上一枕靜聽狂風颾

舟中遇雨作

疾雨從東來峭帆正西去中流迅且深勢急不得住鏗然萬篙落力戰蛟鼉怒四顧陰雲合俄頃失朝暮驚雷忽送響急陣洩如注奔風橫截之雨脚颯然駐忽作翻身射萬弩齊奔赴須臾風雨霽維舟浦前渡舟人向余說此景甚可怖風汛無定期陰晴有常數詩成掛帆起紅日照高樹

擬古樂府六首

陌上桑

朝出城南隅陌上多春光春光匪游冶提籠行采桑何期使君來五馬立道旁枉顧問名字攜手邀同行妾本秦氏子委身於王郎門戶自微薄恩愛兩相忘女身乏羅綺擁首無紅妝不足供績紡焉足充嬪嬙湛湛長江水上有雙鴛鴦鳥宿各有偶水流各有方使君且歸去妾蠶飢欲僵

長干行

妾本長干人生小長干里灼灼春日花含英照江水父母重比隣與君結婚姻一朝共衾枕萬事如埃塵良時正三五君行洛陽賈但道歸期速敢言別離苦織妾機上絲作君身上衣明歲新絲出君行當旋歸君行日以遠歸期日以緩客路多垂楊繫君不得返那得一紙書聞君在桐廬桐廬江上水能到秦淮無深閨不識路無計尋君去門前春草深已迷送行處手持妝鏡臺祝君歸去來東風兩桃李猶自待君開

大隄曲

襄陽城邊多楊柳春來遥連大隄口隄邊兒女爛如雲日傍高樓看馬走郎君走馬向三秦但願歸時正及春不見年年隄上路惟有飛花遠送人

烏夜啼

黃葉村前烏臼樹夜夜棲烏啼達曙樓中思婦望郎歸剝啄聞聲疑是非

碧雲望斷無消息愁見明窗破鏡飛

湘中絃

斑竹成陰岸草齊蒼梧南望轉淒迷江頭帝子歸何處落日野煙猿亂啼

獨漉篇

獨漉復獨漉泥多溪水濁泥濁尚可渡水深沒吾足元鳥南方來征鴻亦北去我欲附書與遠人恐其中途不相遇飛螢自照祇及一身烏獲雖勇難敵萬人明月皎潔寒星在空中庭獨立時來悲風千金駿馬骨相權奇誓立功名以報主知邊塵未滅何以家爲猛虎晝出風生草間豺狼欲逝歸隱南山

己亥七首

寄懷孫芝房

秋近山城水色澄懷人洲渚采紅菱沅江日夜東流水直寄相思下武陵

新秋二首

颯颯商聲起綠陰微涼應自怯羅襟莫教吹上雕梁去惡動將歸燕子心

扶疏窗竹曉晴時水簟銀牀睡起遲昨夜畫簷風露冷夢回鸚鵡最先知

龍標芙蓉樓懷古

危樓傍江水一覽盡沅湘名好因仙吏花開自夕陽灘聲秋欲吼石骨暮還蒼萬古風流尉神遊定此鄉

沅州風雅客少伯古無倫詩似李供奉官同梅子眞遠來夜郎國長占五溪春此日登臨處清風寄白蘋

寒雨吳江夜曾經送客舟如何沅水上復有古時樓勝迹因人補詩名到處留當年吟賞地橙橘滿芳洲

憶昨趨庭至茲樓幾度過風前一回首江水已微波煙雨吳閶遠衡蕪楚澤多誰當繼前哲倚檻獨高歌

庚子二首

送蘇虛谷歸里兼有山左之行

吾黨有蘇季風流近所稀清明不得志杖策且言歸年少名偏盛才多命豈違願君養毛羽莫作遠鴻飛

為有高堂在青齊暫一過（時尊人在濟南君便道往省）重來芳草暮相送故人多（君去歲曾遊山左）踏雪曉登岱凌霜宵渡河新詩能寄與為爾和燕歌

浣月山房詩集卷四

浣月山房詩集卷五

外集　　臨桂　龍啟瑞　翰臣

癸巳一首

清明

繞郭新煙雨乍晴風光天與作清明春從白楝花時過人在青山空處行野店微風彩影細平原芳草屐痕輕閒情欲寄渾無那陌上吹簫學賣餳

甲午三首

楓木山 在武岡

仰視峰插天忽疑無出路卻見山上人蒼蒼拂雲樹與人氣爲奪舍輿而徒步初行足躡躊目不敢回顧漸行途始闊兩足踏煙霧晨風襟下颺飛鳥腕閒度深篁吟蟋蟀往往疑狐兔一綫通天門到此行且駐整襟坐石

磴納屐剔泥汙四望山徑曲細若羊腸布嶺首斷復連山腰隱忽露前如深淵臨後如奔流赴側耳萬籟號不知起何處振足下巖巒蹭蹬不如故勢順每防滑身高常恐仆在山神若迷出山神若悟迷悟人自爾山靈豈相妒

贈榜人

我行買舟湘水湄操舟一老白鬢眉語言質訥風貌古清流倒影寒松姿觀其骨相似有異細心詢及平生事自言年始二十時步行奪得蠻兒幟蠻兒煙塵動五溪紛馳羽檄辰沅西南征大將智且勇旂壘整頓戈矛齊軍前十萬射雕手深夜貔貅靜不吼原上青燐避虎符天邊涼月射刁斗一日王師唱凱歌將軍帳下戰功多期門策勛大張宴青銅白鏹紛駢羅男兒報國非為賞掉頭不就百夫長尚有生平未了緣遂作江村釣徒想

歸來買取一葉舟七澤三湘自在遊即今年華已遲暮曾泛江湖五十秋
江湖風雨開船早薄酒三杯足傾倒人世風波閱歷多何如水國煙波好
壺頭山下暮雲晴有時岸上踏歌行歸來夜枕寒潮臥猶作當年戰鼓聲

洞庭湖

昔聞洞庭湖周遭八百里盛夏羣流匯汎濫無涯涘輕舟簸白浪搖蕩靡定止我行冬之暮湖水平如砥潮落吐高岸煙平露芳沚晴風送片帆飛行快如駛倏爾風色逆觸浪鯨鼉起噴薄大可畏顛隧殊難已憶我初來時我母提我耳風波良可虞無過洞庭湖湖水冬雖涸浩渺亦無殊我初聞此語竊笑以爲迂及今歷茲險禍福在須臾方知慈母心過慮安得無日暮抵湖口境過猶嗟吁明朝掛帆席風波慎前途

乙未三首

寄內

宵深細數雁聲過知向衡湘來更多彩鳳雙飛猶翼短牽牛獨處奈愁何

離懷那更牽詩思旅夜無須警睡魔若問長安何日到五更風雪渡滹沱

夏旱　上親祈雨即日甘霖降敬賦此詩

去年深秋微雨滋冬雪積地如凝脂今春竟雪得何遲大麥方長青離離

天公大旱三月彌田中龜坼縱橫施熱風吹倒良苗萎老農束手不救饑

我

皇仁慈念民依禱於川嶽神與祇修躬潔慮通兩儀蛟龍起蟄豐隆隨沛

然膏澤原野肥草莽之臣頑而癡不識

聖德軒與羲但見甘霖應禱祈竊謂

聖誠天鑑之自今嘉禾成實米如泥我

皇壽考我民嬉

鴛鴦戲蓮沼篇

鴛鴦戲蓮沼無有亂羣時一朝入羅網逼我混雄雌雄雌那可混貞節性所持都門美優伶學歌名早馳百金娶新婦旖旎傾城姿歌師太不良作計欲居奇朝夕相逼迫鞭撻將横施新婦聞此聲洞房雙淚垂歸房謂阿婦卿意一何癡我今實累卿便當長别離卿歸即再嫁勿嫁優伶兒若遇富家子春閨畫娥眉綺羅得自專遊宴多娛嬉我死卿猶全永訣從此辭愛惜好容華無復相顧思新婦聽未畢流淚沾裳衣同心已彌月此語君何爲再嫁與爲娼失節無參差君既爲我死黄泉誓相隨黯黯黄昏後寂寂人語稀可憐並蔕花竟作一夕萎墓木自連結孔翠相環飛誰信貞烈死共嫓魂魄歸歸來語世人同穴安足悲

丙申八首

田家詞

大家騎馬來鄉村催禾禾米如雲屯小家割禾向田畔一莖一粒惜血汗
今年原隰大有秋秫稻滿車麥滿篝農民終歲事勤苦有穀豈爲無錢憂
香秔淨研白雪粲清晨入市肩盈擔聞道豐年穀價低一升減卻昔年半
昔年穀貴倉無蓄今年穀多價不足晚市依然負米歸落日荒煙幾茅屋

題張氏遂觀草堂

世人患不達幽居常苦喧吾心苟習靜所在皆桃源武陵有高士結茅城
南村長松掃屋瓦深篁蔽牆垣一泉冷且清流漱秋石根草木發新孳雞
犬鳴朝暾農人各在隴野老時到門共言今年熟青青稻有孫其實甘可
釀春酒酌盈樽親戚相過往外事無復論陶然愛餘醺靜養識天恩那知

道旁客僕僕空朝昏

放雀以詩二首祝之

薄翼疏翎尙整齊開籠各自散東西平原淺草多羅網好向園林深處棲

此後飛鳴何處尋曉風旭日樹成陰縱承他日銜環報不是今朝祝網心

菊

九月東籬下從君覓晚香徑深常帶雨秋老不知霜自有神仙骨何須富貴妝儻無彭澤老誰可挹芬芳

無題

簷外忽傳鳥鵲音羅幃強出步花陰閒情祗恐鸚哥識好夢難教鳳子尋

十月蔗漿甘到尾九秋蓮菂苦含心蜀江自濯文君錦悔聽相如一曲琴

論詩絕句

立意求新還是舊開函怕讀古人詩崔郎漫賦樓頭句恨我今來已後期

衡岳禹碑歌

我聞衡山縣連七十有二峯峯峯盤互青芙蓉西南岣嶁更殊絶上有神禹治水之遺蹤山高地僻人迹少時見寶氣烱爍雲霄中揚來數載瀟湘道眼看列岫江天杳遺文未得手摩挲傳刻安肎珍梨棗趨庭今歲至長沙岳麓古寺搜煙霞徘徊山谷見石本摹刻完好無訛差捫苔剔蘚露節角煙雲恍蕩蛟龍拏大海迴風海波湧冰雪錯落長鯨牙精神流逸參動宕材蘖老幹生春花當年蒼水通神嶨金函玉字紛來送五嶽眞形俱在掌八年已定中州貢南極歸來亟紀功別有眞靈祕笈封名山遺韻無人識惟有此石傳洪濛神物那受椎剜苦鎖古崖壁懸青空遥憶荒苔埋迹處雨淋日炙朝復暮世間碑碣知何有鸞飄鳳泊形如故深林月黑山鬼

走太乙在旁六丁護世儒好古皆徒然按索萬轉翻迷路我得此碑苦不識釋文遍考多鉤棘有明二陽(用修 時喬)兼郎(廷瑛)沈(鎰)參差同異安能悉斯文歷劫數千年字畫遠出蝌蚪前商彝夏鼎後無述那能臆讀羲皇篇後人學書宗小篆結繩未解洪荒天古王功績遍寰宇記載豈必關言詮江城日暮秋煙出卻瞻百里峯嵬崛安得訪致蘭臺中好爲

皇家備法物

丁酉十四首

春柳三首

昨夜東風展翠條江南江北路迢遙會憐霜影披寒渚又寫波痕上板橋

齊殿風流猶在眼楚宮婀娜半垂腰誰教鎮日濃煙裏一例春愁鎖未消

綠水紅橋舊夢非柔絲踠地忽依依年光惜別歌金縷眉黛嬌春試舞衣

殘月曉風人已去碧波新草燕初飛陌頭不是鶯花好綰住長條未得歸

清明村店酒旂斜漠漠青隄鬧白沙隔岸馬聲嘶遠道臨風鶯語喚誰家

翠樓望斷芳菲節江水生憎楊白花惆悵渭城攀折處相思還比去時加

四月十五夜月

中庭見明月滿地白煙起恍如銀潮瀉晶瑩射窗紙掬之不可收清輝濟盈几去年今夜月狂歌在燕市綺閣然華鐙飛觴動綠蟻朋儕三五輩磊落各自喜今夕同心人渺渺隔煙水相思不易寄隨風幾萬里前歡未遽陳後會詎可擬願作明月光莫作流雲駛月缺有時圓流雲無定止長歌酬皓魄因之貽彼美

題香雪閣遺篆　長沙黃虎癡先生繼配陳孺人作

我聞吳彩鸞白日夫婦昇青天又聞管夫人鷗波偕老如神仙自古書家

多壽考不比詩窮文窮迂可憐況乃閨閤幾人作小篆竟與紫玉悲成煙
眘雪夫人好詞翰能將璽印模秦漢于歸江夏得名流金石圖書堆滿案
琅邪繹山舊拓本響搨雙鉤恣把玩直將妙墨蹋斯冰俗格簪花何足算
畫堂旭日春風輕落花入硯飄簾旌揮毫輒盡數十幅大如盤盂細如粟
方圓肥瘦各有態力摹蒼古出凡俗鐵葉裹限爲踏穿書出書家已駭目
儻教臨池更十年軒頡遺規坐可復誰知識字招天忌奇文肎洩人閒事
上界應書碧落碑遺箋僅賸零星字從茲手蹟重千金錦箋收藏寶璧新
豈徒玉臺思故劍要與藝圃珍球琳憶昨扁舟發枉渚西上雄灘怒如虎
巨石觸舟舟欲穿箱篋傾倒難恐數中有光燄徹重淵馮夷鼓浪將欲取
拔劍下與蛟龍爭解衣怒共黿鼉拒定教合浦還明珠漬得波痕色更古
始知夫人之書奇若此震驚神鬼蓋有以彼撇笑殺俗男子君不見斂頭

鼎足筆力遒弱腕乃與千金侔優曇本自無住相祇此一百四十三字已足傳千秋

題黃葆儀女史茶香閣遺草三首

筆底生花舌底蓮紅閨慧業定生天絳帷欲聽宣文講恨我遲來已十年

古調空悲卅六灣（尊甫花耘先生著有卅六灣草堂詩）父書能續羨曹班留將一卷幽蘭在陶令多男亦等閒

當年病沈（素生）抱琴過一撫朱絲妙解多此際瀟湘水雲裏定添逸韻伴仙娥

題錢氏霜月吟草

妾不死夫有子妾有詩夫不死姬姜紈綺伊何人自首倡隨如嘉賓一卷乃作哀蟬鳴女兒識字憂患嬰吁嗟造物何不平

舟發桃源寄懷孫芝房

我入武陵原欲訪秦人迹世無問津者道阻將誰適遥峯散空翠江浦漾虛白懸知雲樹閒定有佳士宅所患無良媒咫尺於茲隔好風江上來言覿風騷客

客從湘浦來趨侍沅水前青雲妙年子風致何翩翩傾仰在夙昔覿面憂其慳今茲幸執手轉覺心茫然仿佛記顏色相遇在何年靜對無一語默證三生緣

良緣何匆促判袂在須臾本期與同舟時會不克俱新婚亦人情豈便歌驪駒行客重侶伴遊子戀門閭明知會日長安能忍區區臨風悵相送遵路執子袪

執袪聊踟躕黯然驚我心君卽自崖返余亦入浦深朝發桃源渚暮宿桂

川陰扁舟泊蘆葦江月寒相侵時聞宿沙雁遥和清猿吟思君不成寐感此別離音

別離當語誰撫心長太息中夜起徬徨百感集胸臆僕亦弱冠年遊蹤貫南北交游匪不廣知心良難得得之苟無緣交臂復相失明春燕臺畔定結芝蘭室下榻待徐孺坐談欣促膝永言著斯章寄君遥相憶

戊戌一首

觀競渡作

遺聞誤傳說古禮近兒戲悲戚變忻愉無乃失本意當年楚靈均痛念宗國傲誓葬江魚腹憤激孤臣義時維日重午相沿以爲忌掉舟投角黍奔走來老稚尚恐蛟龍攫綵縷穿瑣細千載存遺俗頑懦頗激厲鄉愚習既久誰能達其意雕龍既增華剪綵亦糜費喧闐水之涯光明耀旂幟當其

角勝時歡笑鳴得意詎知重淵下忠魂泣憔悴或云避災沴此說尤無謂
長官果清明災沴安能至我知靈均靈不受俗情媚槃惟湘澤朋大夫曾
遊地願得賢長官一爲除茲弊祠前盛蘭芷用以招魂祭

己亥八首

路華甫先生齋賞蘭

山城地溼蕃草木繞砌莓苔長新綠幽蘭遠自明山來迥如高人出塵俗
疏莖落落抽紫瓊密葉森森弱蒼玉侵晨帶露韵尤冶入夜聞香逾馥
人間何物杜蘭香洗淨鉛華見清淑先生佐治百無事閒取離騷對花讀
蘭齋得此助清興良朋歡賞亦云足探驪得句珠在手摘蓝歸來媚堪服
我聞國香比國士羞伍衆草爭林麓此花何幸脫荒野得蓺珍甆貯華屋
所嗟來此僻陋鄉只許同心賦空谷焉得置之貢玉堂用比菁莪與棫樸

彼蒼愛惜有深意要使芳情久愈篤天涯道遠秋氣多美人不見空躑躅
花前勝會安可忘且賦南陔共相祝

七夕四首

迢遞碧漢鵲橋通無限幽情此夕中珍重天雞遲放曉明朝相望又西東
莫怪人間不羨仙金風玉露怨年年如何雲錦終朝織猶遣黃姑貸聘錢
誰家兒女得金梭惆悵宵深望渡河我願天孫休賜巧巧多難免別離多
舊事唐家記也無驪宮曾眼變荒蕪可憐月裏長生殿孤負三郎與玉奴

龍標行

紀周侯殉難事作也侯諱文華浙西海甯人順治五年宰黔陽甫三月值靖州降將陳友龍叛率民兵固守百日卒以無援殉難眷屬賓從八十餘人同時偕殉事詳湖南通志

龍標城頭烏夜啼老梧葉落風淒淒周侯埋血金橋西至今雲慘天爲低
當年巖疆初底定降將負嵎思搆釁妖氛直突黔江濱憑陵氣欲吞孤城
侯時視事甫三月慷慨登陴誓忠節大聲叱賊賊披靡怒目橫戈皆爲裂
人視賊兵有如虎侯視賊兵有如鼠矢石嬰城百日中裹瘡析骸未言苦
食盡援絕可奈何獨出强兵氣堪鼓那知遊魂未遽絕欲建奇功天不許
頭顱擲去何足道留取丹心報吾
主是日赤地飛黃埃甲丈滿市聲如雷闔門恥汙賊奴手爭先致命風雲
摧一日
王師清四野遺民拜倒山城下
九重追恩死事臣褒忠祠近枌榆社乾隆閒入祀名宦祠道光五年追贈靈佑伯黔民祀侯於社侯之
撫此無多時況復鼎革經瘡痍書生將畧乃如許坐令土堡堅金隄設使

成功有天幸會見一鼓殲鯨鯢惜哉力竭臣身殉轉教奇節成鋒刃不朽
忠良一片心百年化作甘棠蔭侯死於今春復秋靈爽還爲斯民留

古柏吟 柏在黔邑聽事旁相傳郎周夫人殉節處

祠前古柏高百尺翠葉森森勁如戟天教留此慰幽靈豈與凡人供花石
寒碧搖空引香霧惡鳥驚飛不敢顧中庭月白悄無人時有青禽自來去

方池吟 祠前有池相傳爲八十餘人殉節之所

方池半畝白石欄中有原泉清且寒時見錦鱗跳波面未敢攫取供盤餐
世人莫誤嘉魚穴乃是英雄舊碧血滄海有時成陸陵茲池之水終無竭

辛丑八首

採花詞五首

金門漏轉鶯聲曉紫殿風和雉影開廊下侍臣皆鵠立玉臚宣出五雲來

瑽璬簇擁出天閶白玉絲鞭拂袖長莫怪路人多識面舊時曾作紫微郎

生紅七尺映宮緋入座郎君盡錦衣寄語人間鶯燕侶等閒休向樹前飛

二百人中數少年孫郎雖美不如錢更教輸卻王郎好未卜誰家玉鏡圓

孫君爾鳴年二十三錢君寶青年二十一且未婚皆浙人吾鄉王君錫振年二十四猶未聘也

長安門外輭塵香騎馬看花為底忙卻笑當年孟東野春風一日費平章

南歸留別內閣同直諸君二首

清班常是接綸扉猶憶分曹向紫微宮漏每從花底聽彩雲多繞日邊飛

詩成珠玉應同調春到蓬瀛有別歸館閣由來俱禁近舊時仙侶豈相違

風前幾日慶彈冠忽聽驪歌作別難欲把宮袍當綵服暫辭金闕買征鞍

白華采處當遙寄紅藥開時好再看記取明冬尋勝約玉梅寫就待消寒

吳清如前輩何廉舫同年俱約明冬至此作消寒會

張烈婦歌

妾持家夫業賈夫出門妾獨處豈知惡奴通老婢入室敢作穿墉鼠媚我以甘言怵我以危語謂汝不從吾將殺汝是時天黑人影稀天不得聞人不知妾身一死何所愛僥倖惡奴徒爾爲好言謂惡奴吾今惟汝聽廚中有美酒將來共汝飲惡奴聞之喜復驚一飲大醉呼不醒明燈在房利刃在手舉刀亂斫直抉奴首老婢聞知心膽悸入門未言刃先刺天明傳報眞人知纖纖柔手濺血衣吁嗟乎一時能誅二奸死智勇俱全眞男子鬚眉巾幗應愧此

壬寅二十首

題潘芝亭指畫古松歌

畫中難畫惟古松氣象不與凡木同畢宏韋偃古亦少近來乃見芝亭翁

絕藝成名蓋天授自言始學方兒童濡墨吮毫便酷似已覺蒼古非凡庸
邇來年老技益進手力倔強心猶雄興酣潑墨不用筆十指颯颯生長風
潮聲翻空白日靜斂形滿地陰雲濃高堂素壁風景暮倒挂忽見雙虬龍
巨鱗長鬣亂無數諦視皆可尋其蹤我昨訪勝嶽麓寺六朝舊蹟除青葱
枝柯偃蹇更殊絕有如高士無塵容翁之粉本無乃是正直已合羞秦封
方今
廟堂要梁棟搜採巖壑資良工楩楠杞梓用雖盡豈無閒氣天爲鍾安得
眼前突兀見此木置之
朝右如崇墉惜翁善畫祇是畫令我慨想喬木思無窮

長沙口號

春城何處定王臺又向沅湘買棹回芳樹成陰如有待野花臨水自爭開

還家始識萊衣好對策終慚賈傅才且喜湘流無恙在高歌莫效楚臣哀

與蘇虛谷論書

人之能書者如婦之有容修飾豈不貴端麗乃爲工所辨在肌膚不約亦不豐綽約天人姿舉體蘭氣充憶當羲獻來斯道若發蒙惜哉簪花格妙手徒空空世俗喜甜俗習尚爲癡濃有如市門女塗抹兼青紅安知姑射仙冰雪滌心胸或貌古勁裝規矩失折衷無異農家婦插鬢花蓬鬆僕也十年來於此耽研窮所慚適時態未盡稽古功更恨腕力弱心手難相從每效西子顰醜態嗤吳儂君筆本娟秀得自王與鍾此道苟中絕扶植須文雄常恐金玉飾敗絮實其中願如周南女窈窕歌國風無爲桃李花零落隨飛蓬

月沛園歌 有序

邱君式耔楚之黔陽人明鼎革時以諸生爲桂王招撫使褒衣大帶往見鎮帥慷慨發論無所撓避鎮帥怒械送武昌刑於市家有園曰月沛在黔之煙溪子孫世守垂二百年泉石雖存遺構就圮道光丁酉　家君來宰是邑倡議重修落成於庚子重九日集幕僚邑士及邱氏子孫之能文者觴詠其間余時旅遊京華未預斯會學長黄虎癡二丈遠寄余邱君臨刑自祭文且謂不可無詩余讀邱君之文浩然忠義之氣當與文信國正氣歌並傳茲園蓋因邱君而重然則余之詩豈不附邱君而傳也哉歲月淹忽今歲歸來沅湘舟次始成此篇將寄虎癡二丈且勉書一紙寄邱氏後嗣俾留之家園用誌欽仰固不以不得親至茲園爲恨云

噫嘻烈哉邱君君既不若文文山老臣重望傾朝班又何不作楊鐵厓異

時歸去仍黃冠胡爲一書生致命傾危閒使君鄉里不得返田園不得安松桂失主人圖書辭古歡至今園中老松樹淸陰搖月長風寒猿吟鶴唳子規叫精魂夜夜時來還我昔入龍標未識煙溪路習氏池臺舊有名蒼松白石今非故維時　家君正作宰鳩工重爲封嘉樹惜哉上計春明門落成未與登高賦山谷好古訪遺聞遠寄邱遲自祭文絕似廬陵衣帶字瞯然冰玉含淸芬空庭雪滿讀且走坐覺夜郎西畔生愁雲君不見瞿公草堂東皋下中丞第宅堪盤馬孤臣桂嶺殉烽煙狐狸鳴階鼠竄瓦又不見拙政園中山茶花花時遠近蒸紅霞海昌遼左幾萬里主人雖在難還家遺迹雖留付誰賞徒令過客長咨嗟勝蹟流傳信非偶二百年來子孫守

聖朝宇宙自寬大首陽未妨夷齊有誦君文憶君圖羨君雕虎之堂覓玉

軒古來山林以人重何況先生浩氣今猶存願書此文字如斗勒之崖石
昭乾坤詎敢貽者君後昆庶幾來者爲駿奔應勝宋玉歌招魂

黃春亭前輩瑄招賞薔薇賦此却寄

江城草綠穠腴斜雨聲連夕聽鳴蛙曉來羣豔忽當眼炯如睡起看朝霞
先生愛花如愛士攜鉏徧訪山人家手闢名園種喬木誅除凡卉留仙葩
此花品質未殊絕掩映亦足稱穠華非草非木蔓而衍緣牆附砌根紛挐
半日新釁忽大放羯鼓縱有無庸撾團團火齊珠一一黃金芽華清妃子
曉出浴肌膚玉暎無纖瑕初日照耀難諦視紅潤欲透中單紗舊名姊妹
一何綺顏色詎向昭陽誇花前來謁者誰子被服儒雅聲無譁我來幸入
談經室絳帳迴顧驚吳娃坐中歡賞得名輩同座者爲廖萃堂先生燕榜重機蔣申甫前輩琦淯
先後同衣麻酒酣却憶曲江宴紅紫照耀天一涯南北花事豈殊異俛仰

未足成咨嗟主人課花老猶健過眼塵劫如恆沙愛花結習苦未了嘘咈枒櫱生枯槎此花幸植桃李側聲價奚止百倍加從來樹人如樹木又見先生養士如養花

同人遊山寺晚歸一首

晚從蕭寺歸斜陽淡將夕迴看山月上漸覺衣露積犬吠柴門靜蟲鳴松徑僻時見野草閒螢光動深碧

讀芝龕記傳奇得秦良玉沈雲英二女帥詩各二魏費二宮人詩各一

英雄盡代出敍勳愧殺鬚眉有此君卻恨淩煙高閣上當年未畫女將軍

奮呼弱臂請長纓再造唐家志未成千載錦江城外水桃花流作戰場聲

血淚殷紅濺雪衣倉皇奪得父屍歸木蘭儻佩將軍印萬里巖疆合解圍

手誡梟頭快復仇女郎大義熟春秋歸來自設宣文帳不羨書生萬戶侯
昭陽院裏望烽塵倡義從君尙有人不見玉河橋畔柳貞魂長護漢宮春
黃虎營中劍影寒妖星夜隕陣雲寬隴娘七首今何在應化英雄一寸丹

旅次雜詠四首

東渡黃河落日殷一鞭遥指太行山心隨馬首飛雲遠夢逐天邊旅雁還
隔院秦箏永夜彈旅窗驚醒夢闌珊搴帷忽見楊枝影滿地淸霜夜月寒
臥聞宵柝隔牆聲萬里江關動客情惟有三更茅店月深宵長送旅人行
合沓西山擁髻屏㛂浮佳氣入郊坰
皇恩近日知多少九月深秋柳尙靑

春草四首和王少鶴

曾向芳塘問訊無春山廻首又平蕪舊遊江浦聞鵑路往事秋郊放馬圖

曉月半窗迷蛺蝶香風十里送帆檣天涯無限瀟湘意三月桃花水滿湖

容裏偏驚物候新泥香風送早知春誰教曉夢蘇寒雨爭把流光換輭塵

金谷酒闌鶯語醉玉樓人遠雁書頻芳痕應被離情引籠水籠煙分外勻

桃洞清溪隔萬重仙人巖壑翠雲封綠蘿影動波閒月白苟春生水上峯

燕子來時香徑輭鷓鴣聲裏野煙濃掬來孤負青鞋約欲寫鄉心寄短笻

大隄楊柳共滋榮歲歲風光說賈傷謝客池塘清夢遠王孫歸路碧雲橫

玉階仙露容消受蓬島靈根易長成何日芷蘭江上路馬蹏香裏看春耕

甲辰十二首

偶作

鄉愚尠知識未見輒疑怪高軒偶一駐比鄰鬧若沸癡騃突不避老弱走

相會攀緣壓牆壁塡擁礙旌旆鼠伏或幽隱狙伺極狡獪環觀如得儁疏

立若預誡後至意猶斂先覩心始怏姑姊互奔告童稚猶跪拜嚶咿作村語私議不敢大我行朝至暮觔骸甚矣憊安能及此暇覼聽困若輩呵叱誠已過驅除苦無奈方慚居處便笑嚬不自愛

舟夜寄懷

河漢無聲夜自流西風獵獵送行舟搗衣遠渚思鴻雁却憶深宵話女牛好夢易圓滄海月微霜新警薊門秋封侯嶺表平生志肯爲乘槎悵遠遊

闈中卽事八首

校閱殷勤帀月期西風香滿桂林枝寶山獻璞何嫌早濁水求珠豈厭遲五色漫迷開卷後一鐙猶憶讀書時十年辛苦分明在敢道今朝便不知（瑞四入鄉試五赴禮闈中間辛苦場屋者蓋十有六年）

木天偉望幸追陪袞袞羣公未易才（謂根雲前輩及同事諸君子）文字夙緣千里合海

山晴色一堂開願移明鏡當空照會有珊瑚入網來知否青袍門外望五
雲高處羨蓬萊
馳驟文壇大合圍同思往事興遄飛健兒百戰年方壯同學諸人賤者稀
誰向崆峒倚長劍更隨時世換新衣近來曾否翻花樣獨覓窗前舊錦機
暗淡朱衣計已迂平生不受古人愚早經雲海淘沙礫深恐璠璵閒碔砆
文士苦心從此見矮簷風景記來無可憐踏徧槐花路半世升沈定一夫
百粤巖疆敞尉佗山川靈秀近如何風流丞相梅花嶺文教昌黎荔子歌
遠物豈惟珠玉貴良材應望杞楠多相期力挽文河水洗盡滔滔瘴海波
牝牡驪黃到眼眞敢言伯樂是前身玉如可琢無妨玷錦不成衣未足珍
每念文章關氣運肎教英傑老風塵視他白屋青鐙客平步丹梯志早伸
憶昨新乘使者軺風雲萬里護征鑣茲遊幸得江山助迴首方知道路遙

驛館頻仍官牒致行齎豈遲
帝恩邀向例試差準給盤費不知鎖日寅攜裹可有涓埃答
聖朝
鎖闈忽忽已秋深試事將闌歲月侵海國煙波游子夢家大人還官浙中未得便道往省
河梁風露使臣心雲棧已纖登科記月府新成下里吟待寫情懷莫匆促
鴻泥他日重知音

滕王閣

千秋江上滕王閣不朽文章信有之勝蹟祇今猶在眼才人到此始伸眉
兩言賞景工難匹萬里長風會豈遲帝子英靈還撫掌雕欄終古似當時

大雪憶庾嶺梅花

我昨大庾江上住夜夢梅花向我語朝來特遣一枝開爲帶好春過江去

披衣起拜丞相祠靈旗晝卷風綏綏國香忽放四五朵始信山靈不吾欺
摩挲古碣時偶耳過眼已失千瓊枝十八灘頭坐三板深林月出鳴鳶鴟
是時天氣已十月楓葉暗淡如凝脂滕王閣下舍舟去凍雲黑壓江之湄
更來石耳峯下宿大風拔木沙揚箕嚴寒到枕錦衾薄鐙燭無暈青光微
玉龍脫甲知幾許凜慄未敢窗下窺曉看爐阜在何處但見白波萬頃堆
琉璃卻憶百株嶺南北風前十日過花期疏林欲迷皓月影冷豔自濯澄
江漪歲寒千里豈有異遙想玉屑團冰肌青霜縞袂不可見魂夢欲到空
山陂眼前茲景縱奇絕惜少瑤蕊飛參差南來驛使好問訊玉妃有約應
相思明日渡江踏晴雪又對江城悵離別

乙巳五首

題洪樂吾前輩知吾之樂圖

至人貴忘我乃有不忘時當其靜中趣所得惟獨知孔顏觀道妙飲水固不辭歌聲出金石曾子不吾欺衆人享太牢攘攘何熙熙焉知淡泊中至味甘若飴卓哉樂吾子妙理得微窺身隱朝市間志與濠梁期寂寥楊子宅阿誰涉其籬大哉鳶魚趣乃爲一已私吾聞范氏言憂樂有良規與人當與衆務在宏其施願君推此懷在遠庶不遺悟彼圖中人聞言不吾嗤

晚坐

落日霞光重欲殷高枝時見暮禽還淡黃屋角初見月濃綠樹間疑有山
白日展書知晝永清時息事覺官閒何人秉燭來相訪纔得新詩稿未刪

偶坐

月照檐間烏鵲驚萬竿老竹健爭鳴淒迷夜色含秋色颯沓風聲談雨聲
枕上琴書應有意天涯湖海未忘情自憐不是悲秋客猶向涼宵百感生

嬃砧課讀圖爲王少鶴同年作

涼月高高星在樹積雨空庭老煙樹鐙火青熒四壁深舊是王郎讀書處
王郎有姊如女嬃下幃課讀窮朝晡貞筠早對三冬冷寸草應憐六尺孤
擣卷挑鐙心欲泣書聲纔罷砧聲急未了高堂地下心逭辭寡姊閨中力
幾日槐黃逐計車龍城風雨望江魚五年塵土長安陌喜得泥金有報書
報書來自通明殿清切曹司最堪羨姊願今朝可暫償姊顏何日得相見
羅池荔子換光陰庾嶺梅花道阻深誰知夜夜金臺夢早逐棲鴉返舊林
男兒功名亦易得未忍天親遠相隔清秋南雁附書來望弟曹昭鬢將白
風前隨意檢歸裝驛路夭桃二月芳老姊迎門應色喜今來付汝舊青箱

次韻梅伯言翁贈陳頌南給諫卽以送別

聖朝何敢託清流離別應增我輩憂歸夢豈能忘日下故鄉應是望幷州

數椽老屋惟□掃二頃長田暫可謀惆悵金門留不得白雲相送海東頭

丙午三首

送黎枚丞宗肪南歸

京華留滯幾年春太息儒冠有此人久別難爲兒女計窮途終賴友生親

追攀鸞鳳非無計得失雞蟲詎有因籬下豈君終老地黑貂雖敝漫言貧

感事

殃及池魚詎有因桃僵李代亦酸辛孔融無計藏張儉王導何心負伯仁

深愧老謀防曲突敢論薄罪汙車茵由來治國從輕典未免中原有幸民

故劍歌爲劉椒雲學正賦

君家挂壁有長劍寒光凜凜如匹練祇道荊卿一片心誰知曾照春風面

故人當日好身手豪氣不居隴娘後長鋏先借琴勝歸深閨不用青奴守

兒女心情壯士顏神仙風月離筵酒中有俠腸世不知人懷奇氣天難壽一自音容感去思摩挲故物不勝悲茂陵風雨瀟瀟夜獨對青鐙伴故帷菱花掩月無光彩眉筆青螺顏色改惟有秋霜百練精出匣光芒鎮長在吁嗟乎男兒報國一身輕要當入海剚長鯨遇君善解故人意毋使匣中掩抑空長鳴河漢沈沈夜光紫三尺青銅神不死微時恩義去時情大是劉郎好孫子

丁未一首

姚子楨同年（輝第）以王荆公唐百家詩舊本寄惠賦此報謝

去年遠寄尋佳本且喜春來得手書兩字平安親署後一編香色舊藏餘學能誤宋緣官禮詩獨宗唐戒毀譽賴有前賢心法在爲君裁錦賦雙魚

浣月山房詩集卷五

漢南春柳詞鈔
梅神吟館詩詞

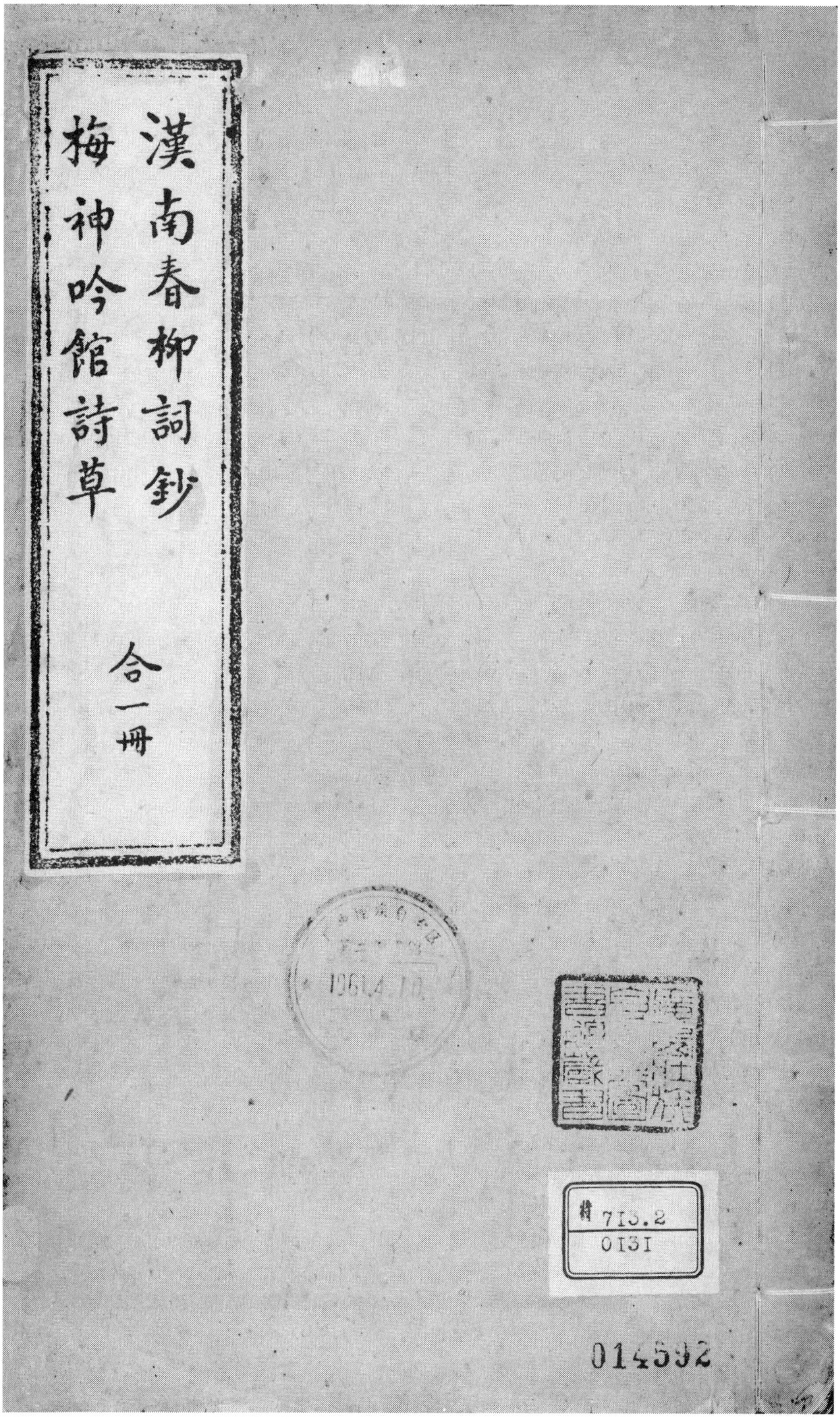
漢南春柳詞鈔
梅神吟館詩草
合一冊
1961.4.10
713.2
0131
014592

漢南春柳詞鈔目錄

漢南春柳詞鈔

臨桂　龍啓瑞　翰臣

○臨江仙

長日懨懨春倦裏翠蛾深鎖無聊畫樓人靜晚香燒刺桐明月下閒坐學吹簫　千里關山嫌夢短悶懷難度今宵隔簾花影柳絲搖曉鐘聲數點依約到明朝

○水龍吟　重陽

曉來庭院陰陰捲簾三徑黃花雨驚寒送暖畫堂無那晚秋情緒岳麓峯頭西山寺外舊游能賦早雲衣夢冷苔封石徑天南北空回顧　曾見賓鴻飛過悵天涯故人何處山節野服與誰潦倒一樽香醑只怕樓頭登高望遠相思同苦又西風落葉斜陽帆影向瀟湘去

湘春夜月　秋燕

占雕梁翠泥痕染芳苔幾日翦破春愁羅幕不輕開解道舊巢安穩但海鄉儔侶有約同回願歸期緩緩金風玉露芳訊頻催　良辰記否梨花院落陽柳樓臺蹴倦輕紅惟賸卻一庭斜照零落疏槐檐邊絮語更幾番臨去襄裏者一歲算經營事了東君雅意明歲重來

蝶戀花　秋海棠

萬朵春紅難位置直待秋宵點就妝兒媚牆畔綠蘿陰滿地和煙籠着佳人睡　忽被曉風吹特起浪蝶游蜂有意相迴避一捻脂痕嬌欲墜隔窗不語人能醉

綺羅香　燈

破寂敲棋分曹射覆隨處佳人相伴纔到黃昏已聽隔簾低喚儘檐前羅

幙香遮怕風裏玉釵紅亂最難堪春雨樓頭離人不睡夢魂懶　多情來照獨箇曾照春情被底脂痕鮮粲隱約疏鐘只怯夜長膏斷怎修到醉月芳筵卻便來臥雲空觀待明宵臺綴金蟲飽看光燄滿

如夢令

寒食清明都過微雨小窗花嚲慵起不勝春人倚畫屏清坐無那無那樓外柳隄煙鎖

滿庭芳

燕入疏簾鵶嗁古樹數峯相向斜陽半林紅葉依約染微霜雲送征鴻自遠河橋外煙水微茫登樓望江城畫裏孤鷺立寒塘　憑誰來領取蘭陵薦爽梧院添涼看新月嬋娟又上宮牆人靜寒生半臂隨花影繞徧迴廊休嫌淡西風菊徑留得晚來香

粵西詞見題
作金纓世

○賀新郎　送春

花外嗁鵑苦醉長亭斜陽影裏聽歌金縷拋擲韶華成底事休算豪吟醉舞只賸了池萍花雨寶篆温香煙絮絮悄梁閒燕子渾無語誰放過豔陽去　冶遊記得章臺樹乍凝眸紅稀綠暗怕尋歸路說與別離天不管芳草萋萋無數任春水迢迢能渡欲寄征鴻相思字望天涯日暮千山阻何計好絆君駐

○探春慢　時辰表

鐵軸輕旋銅輪暗轉寶鑰初弄樞紐軋軋機聲匆匆隙影鑠盡綠槐春晝伴畫簾紅燭便抵了數聲蓮漏怎知寸晷風檐比常加迅還又　也管歡娛時候想醉月芳筵香送纖手星斗闌干盃盤狼籍著意杏衫牢　抑此事君修到任常傍箇人襟袖撥轉鍼芒春宵容蘷遲留

永遇樂　爲江夏陳子宣題相鶴圖小照

者是神仙御風吹送破空毛羽骨換何年歸來華表特向君家住階前馴擾差同騏驥皮相遇之不顧到秋宵風淒露警妙解高人能悟　翩翩難覩樓中騎鶴怎擬畫中丰度黃絹年華烏衣門巷凡鳥何足數家聲仍舊衝風振翮送汝碧城珠樹相天下舒翹碩士雲霄萬古

江城子　綽約新嬌生眼底侵尋舊事上眉尖問君別後愁多少得似春潮夜夜添此蔡君謨絕句也余甚愛之因作此詞以擬其意

平蕪如織柳如煙漫情牽豔陽天便是無情花鳥也堪憐說向旁人都不省憑彩筆訴鸞箋　緘情和憾寄鷗邊問嬋娟聽啼鵑別後天涯明月幾回圓記否棠梨花下語須後會續良緣

洞仙歌　聽書聲。

兒時燈火記寒窗滋味滾滾書聲瀉流水變朋儕總角音響琅然貪早臥靜聽碧紗幮裏　舊文猶省記竊祿今朝忍共牀頭斷檠棄故紙爛成堆付與兒曹休便忘書生活計要聽得宵來一聲聲又冐道更闌礙人清睡

滿庭芳　秋後移植桂花作

簾捲西風樓過疏雨院落還賸秋香一株新綠移植傍迴廊誰乞去聲靈根月殿教倫斫可是吳剛嫦娥懶清秋節序結子滿銀潢　商量還屈指瓊樓送暑玉宇招涼看金粟枝枝輝映斜陽只怕無聲冷露乘清夜needs溼羅裳芳華晚年年此際秋思動江鄉

。暗香　余與王少鶴農部同年里社論交金臺聯轡中間無日不相過從逮乙巳少鶴有粵東之行執手臨歧以速相見為慰既而

留滯羊城音耗尚通比余奉使出都不得其手書者年餘近聞其
抱病潮西而家人遠隔都門旅中情況何能爲懷因以書速其北
上并介此詞情之至者不假修飾也

倦游獨客望楚山越水音塵寥寂瘦鶴入雲算是飛空渺無迹梅嶺看花已過更打槳西湖春色便忘了蛾綠窗前愁損遠山碧　消息幾處見問把酒玩花可似疇昔抱愁易老多管潘郎鬢蕭瑟爭奈沈疴旅館誰肯伴淸寒吟魄願及早歸也有人護惜

瑣窗寒　書中乾蝴蝶

樹底噙香花間抱蘂一場春夢游蹤那日暫入小窗書籠誤鑽來牙籤玉函認將滿砌香雲擁住風前展卷須眉栩栩尚疑飛動　無縫書充棟笑文字埋頭泰山壓重縑緗萬帙暗裏靈根先種願他生還作蠹魚神仙字

食青玉甕待修成脈望朝飛徑入華陽洞

○踏莎行

日暝山深天低野曠隔江數點漁燈上南風吹送雨聲來打篷聽得蕭蕭響。渚雁呼羣江魚迎浪柳條輕拂菱絲漾。湖心滿眼是蓮花莫愁何處飛雙槳。

醜奴兒慢　不倒翁

峩冠麗服含笑當筵無語腳跟子尋常原穩忽被揶揄故作頹唐醉容憨態兩難摹生來殭項蹉跎任有羞要人扶　瞥眼看來依然崛起滿座壺盧向人處頻頻點首大白應輸狼籍盃盤可曾餘瀝共霑濡更闌人散回看此老風趣何如

綺羅香　燈花

畫閣宜春瓊筵送喜仁結嫣紅一點隔座移來添到幾多光燄障飛蛾紗罩輕籠妒明月繡幃深掩算生來不識春暉照人還比萬花豔　西園曾記夜飲怯殺尖風相射釵頭輕颭俊眼多情時向玉蟲斜眄問天涯芳訊來遲卜日下旅人歸遠祝花心永作團欒照將春讌暖

高陽臺　吳越王妃每歲春必歸臨安王以書遺妃曰陌上花開可緩緩歸矣吳人用其語爲歌東坡先生易爲絕句余作倚聲一闋以擬之云

雲擁朱輪風迎繡幰陌頭初轉韶華約計歸期東風已徧天涯花魂猶記相思路放嫣紅遠道偏賒看郵亭幾處鶯聲幾樹桃花　江南本是無愁地況錦袍夫壻綵勝宮娃無賴離愁生來不識兒家歸心莫被風塵誤跨青驄轡緩鞭斜到歸來花滿春城香滿行車

○滿江紅

滿地江湖流不盡半天明月凝眺久征鴻蕭散斷雲飄忽庭院幾家同悵望關山萬里難飛越任思量情緒比絲長何時竭　鶯啼處花枝發鵑啼處芳菲歇問何人長住廣寒宮闕篋裏應憐紈扇掩鏡前空憶金尊凸料今宵獨倚水晶簾寒生襪

百字令　試畢武昌將赴荊臺舟行漢沔閒有感而作○

漢南春滿望連天草色如雲黏徧正是征帆重挂處檣上雙雙飛燕佳境如新勞人易老難倩游絲罥萬花開盡惜花心事都倦　還去種柳荊臺栽桃郢野留作羣芳殿錦障金鈴曾愛護晤處何人窺見莫學鶯兒背人偷語看得韶光賤東風休負異時應解攀戀

○春從天上來　得姚子楨書知與少鶴相遇於吳中晤談甚樂而

少鶴不肎以書見及豈有所見怪耶作此寄之

夢斷天涯幸一紙書來消息纔知對牀談舊燒燭評詩竟夕說盡相思恨錦鱗東下忍教客尺素相遺問春前定曾加餐飯誰與扶持　吳門早逢仙眷更風月維揚病渴能醫撥徹紅牙歌殘金縷抱愁獨對花枝想故人書斷還認作去厚祿忘伊盼歸朝向章臺走馬休誤清時

◎水龍吟　舟夜聞笛

何人夜倚篷窗一聲吹破空江冷蒼涼短節飄零愁緒助成淸境新月初弦微雲乍斂更長人靜算無心成弄有心入聽風前意頻思省　暗憶天涯海角有紛紛斷蓬飄梗哀絲怨竹幾人遙夜共鳴淒哽縱遇桓伊奈何空喚深情難領暫俳徊佇立卻將心事付驚鴻影

慶淸朝　今年冬越南貢使道出武昌其副使王有光以彼國大

臣詩集來獻且求删訂余以試事有期未之暇暑展閱數卷而封還之其中有越國公綿審及潘偲詩筆之妙不減唐人如茶江春水印山雲畫屏圍枕看春山皆兩人集中佳句也乃錄其數十首并製此詞以寓輶軒采風之意因見我　朝文教之遐敷焉

蠅楷書成烏絲界就天南幾帙瓊瑶茶江印水殢人佳景偏饒曾記畫屏圍枕春山淡冶似南朝風流甚錦囊待賸采筆能描　摹到盛唐韵遠但宋元人後比擬都超知音絶久今番采入星軺一自淡雲句邈使臣風雅總寥寥同文遠試登韎樂聊佐咸韶淡雲微雨小姑祠康熙朝高麗使臣詩也

綠意　戊己之春余兩以試事泛舟漢沔時則柳陰市岸飛花如雪綣念韶華感兹行邁爲塡此解用寄遐心

濃陰繞住祇泛槎不管移櫂西去昨見長條今忽飛花香塵傍曉如霧年

年澤畔來相送任徧拂畫船簫鼓想暗中綠鬢催人再過好春休誤　試問何人手種漢南復漢北青翠無數罩水籠沙和雨迷煙掩映風前朝暮流波可算多情甚又卻送舊愁千縷望暝煙遙接襄隄認取往年攀處

綺羅香　冷布

倩影煙籠芳痕霧鎖一縷傳將花氣虛白生時別具小齋幽致纔引到香徑風來更遮斷玉街塵起最宜人午夢初回簟紋斜映瀯如水　華堂朱戶晝掩憑捲湘簾向晚招涼無計拂去新蠅還惱聚蚊成市應解道几淨窗明誰記省價廉工細待深宵蟾影窺人玉光應勝紙

。好事近　舟次寫懷用朱希眞漁父詞韻五首。

談笑說江湖回首廿年時節何處相逢依舊只江頭明月　年年常戴使星行楊柳與霏雪一任滿腔離緒把壯心磨滅

前事豔題橋定有舊人相識經過酒坊茶市憶當年陳迹　江頭輸郤老漁翁泛宅是良策斗大一舟如甕恰一家容得

還笑宦游人宇宙皆爲吾宅纔向漢皋留佩又樓中聽笛　客舟夜泊枕江亭細響弄沙磧薄醉倚窗危坐受煙霞將息

東望武昌城夏口晚山凝碧一自小周郎後慨英名誰敵　清時不合產雄才勝蹟但留得早夜牧歌漁唱寫江聲山色

我本不羈人合住使槎爲客頗憶玉堂花藥向闌干攲側　碧城高處舊樓臺下界未相識何日馭風歸去傍金鑾晨夕

○浣溪紗　贈王少鶴比部荔浦軍中

元日新晴爆竹聲滿街紅錦爛如茵野營風景近承平　芳草弄魂初著雨小桃含笑暗窺人一般天與可憐春

又

別緒撩人不待秋夢回南雁度城樓春寒誰與換征裘　磨墨盾頭羞得意閒門花裏可知愁那人曾悔覓封侯

丁香結　題鄭鷗人司馬小樓聽雨圖册時君以軍務留粵○

門掩梨花夢迴春草曾記舊游佳處正小樓聽雨怪玉指冷怯銀缸添炷曉風楊柳岸人歸去信鴻易阻櫓前花落感觸到也相思還苦　誰與寫妙侶幽情畫裏知君雅素庾子懷鄉江郎悵別謂余能賦雲外吹破陣笛景物今非故釵蟲將喜送留待歸來絮語

浣溪紗　昔潘安仁有悼亡之作蓋在期年終制之後何義門氏謂古人大功去琴瑟無居喪猶事吟詠者余以咸豐壬子八月一日有先室劉恭人之戚　太恭人在堂不得不勉抑哀情用承色

笑而情之所至有不能已於言者因作爲長短句廿餘章蓋亦長歌當哭之意若以義門古誼律之則非所敢云矣知者諒之

八九年前記畫眉玉堂花底面如脂南來塵土澀燕支　但道眼前終有憾若論身後總難追天生薄命可憐伊

又

已值分離又是秋恁教風雨撲簾鉤枯懷無俚對衾裯　愁似鰥魚先有兆形同孤雁已無儔畫屏夜夜望牽牛

又

海外徒聞更九州世間清福要雙修仙方無術起彌留　人似黃花難比瘦身如弱柳不禁秋白頭占斷此生休

又

卍字香殘寶篆温撥灰纖指尙留痕箇中心事轉難論　月下晚花低翠幕雨餘芳草閉閑門最難消受是黃昏

又

落盡繁英慘不喧廿年春夢了無痕慰人空對掌珠存　只有長歌能當哭更無芳草與招魂西風吹老芷蘭根

又

心怯空房不忍歸夜涼禁得舊羅衣銀釭無語麝蘭微　畫裏傳神都髣髴夢中握手也歔欷鏡臺猶在玉容非

又

燕子歸來尙憶家舊巢誰復掃塵沙蛛絲罥盡碧窗紗　翦賸朝衣拖地錦描餘宮樣折枝花香絨繚亂繡紋斜

又

壓破春雲暈幾重夢回驚醒曉天鐘秋高人在碧蓮峯　種竹未逢三日雨惜花偏值五更風當時還算不悤悤

又

祇恐潘郎鬢早皤蕭然一室病維摩從來易老是情多　蠻女慽深踏作平裏彩吳兒聲咽懊儂歌遣愁不去奈愁何

菩薩蠻

綠窗月下鶯聲軟羅帷斜掩春人倦角枕繡鴛鴦渠儂同一雙　而今眞夢醒雲去無留影昨夜五更寒覺來衾枕寬

采桑子

楊花吹作浮萍了縱覺無根尚有春魂碎却芳心沒點痕　桃花終是無

言好開向朝曛落到黃昏不怨東風不受恩

憶蘿月 ○

夜涼無寐往事從頭記夢裏相逢難盡意何況夢兒不至　淸晨獨上香堦無人料理妝臺惟有遠山眉翠隔窗猶自飛來

攤破浣溪沙 ○

纔到斜陽怕倚樓老松疏竹自鳴秋便是不經風雨夜也颼飀　滅燭寒生金鏡檻隔花香拂玉簾鉤遙想倩魂和月在柳梢頭

望江南雙調 ○

春光老場圃怕登臨舊日小桃重結子新栽蒙竹未成陰莫負故人心

思量苦無計可追尋昨種幾枝紅豆子鎭無消息到而今慚悔繡羅衾

南鄉子 ○

秋雨溼紅蓮打散鴛鴦劇可憐好景尋常都不省偏偏夜也涼時月也圓
追悔是當年拋棄春光不值錢想到同心無說處難言縱有花枝算獨
眠

又○

春好不開簾鎮日金鍼指上拈只道等閒風月好懨懨省識新愁暗裏添
常見鎖眉尖百計寬懷性轉嚴直到春歸無一語淹淹好夢憑教向黑
甜

淒涼調○

晚花院落人何許西風任捲簾幕隔窗儂眼窺雲盼月倩魂如昨蓮房夢
噩正霜裏香銷翠鑠算當時韶光舊約強半竟拋卻　回首金臺路勸買
楊枝廣栽紅藥鴆媒誤我到如今悔塡烏鵲此憾天長便判了春蠶自縛

恁思量誰與記取慰寂寞

摸魚兒○

正悲秋嫩涼天氣令人難領滋味鴛帷又折連枝樹牢落闊懷如醉知那裏緣盡也泉臺隔住相思淚深情漫寄任伏枕沈吟搴帷斜盼沒箇影兒至　風流夢想像衣香黛翠如今休更提起榮華自是當年好不負綺春花事君可記記昨歲秋來綠竹黃花地佳人瘦倚正蕉萃堪憐今朝誰料無處問蕉萃

解珮環　恭人歿之前夕瑞以守城微勞聞奉　恩旨升用翰林院侍講學士恭人時在彌留不能知也○

韶華婉晚正溫風淨掃氛豁雲散羽檄飛書喜動眉梢人語滿城歡偏承恩偏是儒臣重更超遷頭銜新換怎能知雲雁飛來郤變雲邊孤雁　猶

記雙雙黻佩賦鴛鴦茀祿與子偕宴百八年尼觸手生香一笑宮花輕顫金齏往事渾成夢憾春至春人不見待俸錢十萬將來好為營齋營奠

沁園春 效俳體 ○

遥想當年瘦損憐伊儘教命捱念世間兒女女兒最苦三生修到休再輪迴更莫癡情先期相待如廿五年猶不來泉臺路使芳卿皓首其謂何哉君云天早安排料離合非人能主裁願我灑君健百年麥飯男婚女嫁料理應諧我聽無言君垂冷淚噩夢今醒晨漏催吾何願願芳魂出世蘭玉當階

如夢令 ○

簾外紛紛紅𣺌風送幽香如醉睡起更添慵慵坐又還思睡無味無味好箇悶人天氣

醉太平

秋高夜涼更深漏長曉聞櫓柝丁當似驪車異鄉　明燈洞房高軒畫堂老仙騎鶴天閒笑人閒太忙

憶少年　約漢武秋風辭意

一天秋意一林黃葉一聲歸雁佳人渺何許悵芳華開晚　百丈樓船張飲讌望汾河素波如箭流光送人老把歡情偷減

醉蓬萊　題畫麻姑

正瑶臺春曙采藥仙山歸來偏早回首人閒换滄桑多少清淺蓬萊羽輪輕輾任飛塵難到搴帔霞㡇羅襦霧結衆香繚繞　記否當年蔡家初見鬒髮如雲玉容嬌好碧宇深嚴倩誰爲青鳥潤臉呈花圓姿替月被畫工偷貌珍重仙緣莫隨俗士自矜纖爪

武陵春

舊約壺山山下路芳草碧成叢獨向林閒覓小紅消息問東風　盼到春晴還又雨時節太匆匆觧道桃花帶雨濃遊興莫教慵

念奴嬌　紅燈欲老夜寒添梅萼香銷繡帳嚴閒展仙經畝仙筆不辭東入手纖纖此丙午冬夜都門得句也癸丑正月余抱安仁之戚已六閱月矣遺挂猶留音塵莫覯展舊藏黄庭善本得見是詞悵然爲填此解

春閨如夢算繁華過眼煙煤猶溼粉漬行間纖指印曾是舊時親捻伴讀挑燈繙經問字同首增於邑巾箱藏弆古懷今思重疊　遐憶綺閣當年深嚴繡帳梅韵幽香裊愛惜春宵貪久坐銷盡芸香金鴨錦匣空留花顔難駐想像都無及祗應仙字伴人空老塵劫

●探芳信

耐春晝正寫恨無琴消愁乏酒問江頭芳訊嬌容倘依舊李花開後桃花好紅淺春應瘦甚分明佳氣揚塵暗香凝甃　橋上雕鞍驟任淥染衣香翠侵眉岫人老今年花勝去年否尋春應怕春光惱欲去頻回首最牽情倘有雛鶯嫩柳

江城子

小樓聽雨黯魂銷怯寒宵怨寒宵盼到天明依舊是無憀昨夜夢回江上路山隱隱水迢迢　相思一徑綠雲饒愛春朝怕春朝畫闌芍藥一例淺紅嬌舊約玉人今到否青草路赤闌橋

瑤花慢　河東看桃

何人種得平野芳洲有桃根桃葉無縫花天香世界一片絳雲紅雪遠山

晴霽但芳草碧波相接算幾番春去春來忙了許多蜂蝶　少年三五游驄看帽影鞭絲飛過如瞥清游獨自閒裏意知道無人能說韶光荏苒要趁我眼波如月怕異時綠葉成陰那有花枝堪折

江南好

江南好風景畫難描游客花間來盪槳玉人月下教吹簫相憶黯魂銷

又

江南好士女面如脂護到碧紗春晝冷浣來薇露曉妝遲生怕好風吹

又

江南好最好是秦淮風定蒲菰漁唱起月明簫鼓畫船來興盡不須回

又

江南好最好是揚州璧月照來元自滿瓊花生就不知愁歌舞幾時休

又

江南好少小浪游蹤桃葉渡頭團扇影杏花村裏酒帘風相遇莫匆匆

又

江南好名蹟幾應存陵闕蒼涼經暮雨樓臺金碧炫朝暾懷古待重論

又

江南好形勝有誰同鍾阜龍蟠山色外石城虎踞浪聲中成敗幾英雄

又

江南好兵燹感而今圖畫幾囘供想像江山何日快登臨祇向夢中尋

高陽臺　癸丑七夕

鈿盒柔情鍼樓絮語碧城空話仙緣如水秋光淚痕淫透橋邊人間早識分離苦到清宵重記纏綿最難堪獨處黃姑惜別經年　當時枉說唐宮

事想環妃夜半密約憑肩笑指雙星秋來一度堪憐神仙也覺歡娛短道此情相憶淒然儘看他燈影斜河星影橫天

又　癸丑十月四十自壽

瘦減腰圍星添鬢影華年卅九初過舊日弧辰提戈驗取封侯毛錐事業成何濟鎮誤人歲月空遒算今朝菊盞茶鐺也得風流　平生多少關情事但軍書旁午豪興都休爛漫枌榆聽殘村笛山謳泉明三徑荒猶未便家山儘許句留待他時料理承平歸老漁舟

高陽臺

寒雨欺春輕陰妒日韶華已過初三饋歲前宵猶餘筍榼盈籃天公不識游人苦趁肩輿泥裏趑趄看街頭扶醉人歸鄉語喃喃　當年豔說承平事記燈棚花市密約曾諧瞥眼風煙鶯聲嗁徧江南繁華過眼都成故更

詞兄題采桑子

何年芳訊重探但依然草色波光綠漲春潭

浣溪紗

憑肩共讀相思字一片高歌一度微哦不費絲桐也自和　人生只爲多
情老才說情多便蹙雙蛾欲學桓伊喚奈何

○又

春來幾日瀟瀟雨開徧桃花落盡梨花陌上誰人響鈿車　綠窗別有關
情處不是天涯卻是天涯別夢依依謝女家

○瑣窗寒　贈内

翠帙香薰紅薇露滴鸞痕添硯蠅頭細寫暫捻霜毫人倦問妝臺流光易
催鏡中須惜春風面趁眉嫵未老挑燈紅袖風流重見　清豔人爭羨奈
畫角江城徵聲催變噓紅怨綠付與梁間雙燕望江湖烽火暗驚壯懷欲

試孤劍短漫匆匆過了花時好書看共遣

減字木蘭花　爲陳幼舫茂才題羅杏初女史盆蘭小幀

亭亭新綠記翦寒香湘水曲別様丰姿認取家風老畫師　素心人遠寂歷秋郊花事晚準備東風新茁庭堦玉一叢

浣溪紗　題黎孳白參軍高吟低唱圖

捧出當筵玉一枝歌塵記拂縷金衣相逢恰是餞殘時　碧玉華年空自誤紫雲芳訊已嫌遲春風圖畫只依稀

摸魚子　瀟湘舟次寄內

憶紅窗擁衾談藝深宵同聽春雨花前誰把將離贈曾見秋來人去湘浦路望彩鳳孤飛忍使芳華誤相思正苦歎百鍊剛柔九迴腸斷猶記嚮時語　東風杳天上幽懷空賦人間芳信無據多情爭似無情好分付唬鵑

休訴行且住擬整頓漁簑繫艇湖邊樹佳音記取待梅訊江頭團欒燈火重與話離緒

南鄉子　丙子自衡陽書來有消瘦容光祗鏡知之句十月廿三日將抵衡塡此解郤寄○

生小總情癡舊日東風感鬢絲不分鴛鴦成兩地相思消瘦容光祗鏡知別夢轉依稀千里關山到也遲聞道衡陽無過雁應疑驗取今朝蟢子飛

○齊天樂

五年不踏瀟湘路滄江釣臺誰主翠滴煙莎綠生雨籜都是游蹤佳處江山似故歎小劫滄桑浪聲東駐皓月江頭夜深來照挂帆去　天涯曾憶伴侶幾人塵世外盟共鷗鷺羽檄飛書戎韜籌筆舊約煙霞都誤漁樵寄

語問料理茆庵憑時來往看取山泉出山清幾許

夜行船

不是莫愁湖上住泛中流與鷗容與障竹孤村隱蘆幽火時有釣船來去　隔岸紅樓燈影聚是天涯酒腸詩趣豪竹吹春哀絲弄月今夜玉人何處

○憶舊游　春草

怪天涯底事滿目青青千里平蕪記送王孫去又倡條冶葉綠到江湖寸心自含春意蜂蝶未全孤拌客子光陰鞭絲帽影閱盡榮枯　模糊舊游處有露溼聽鶯月落嗁烏踏徧青鞋路問煙莎雨籜風訊來無故園未荒三徑新翠繞吾廬盼一碧連雲江鄉歷歷清夢蘇

○又　春柳

泛江潭去日冷落堪憐一桁秋絲認取春來也被東風入夜吹展翠眉水邊畫船簫鼓風景憶當時歎戰艦鳴鉦招摇弄影不是靑旗　淒迷試回首記客舍分箋候館尋詩隱約河橋畔有嗁紅幽怨飛入漣漪曉來夢醒何處煙滿大湖隄倩綰住閒愁春深翠陌人未知

又　春燕

弄芳塘碧水有約歸來斜日花閒眷主人情重倩珠簾翠幄隔住春寒玳梁竝頭相語韶景任闌珊算百歲星霜三春巷陌萬里雲山　鄉關在何許指一髮滄溟瓊島瑶鬟歎畫堂王謝共尋常百姓風月摧殘待營舊巢安穩煙外引雛還任老郤鶯花雙棲繡閣常是仙

○又　春鶯

認垂楊影外一串珠喉誰譜瑶笙豔曲人難和正新雛試語刷羽輕盈茜

窗乍圓幽夢嬌怯未收鶯待喚起晨妝窺來午繡說盡柔情　嚶鳴漫攜酒甑鑑曲晴波蓉館朱櫻送得金衣醉把紅腔細寫偷入簾旌暫時滿身花露煙景記層城早夢想觚棱春風殿角聽數聲

攤破浣溪紗

淺渚新黃茁菜芽曉風吹輭綠蒹葭正是遊春好時節儘堪誇　閬苑有書多附鶴清明無客不思家（集句）咫尺斜陽芳草岸是天涯

又

何處沽春覓杏花尋帘低着柳枝丫恰有漁郎來采艾共村娃　兒女滿前催我老風波少處是吾家說起鄉園無限恨數歸鴉

解連環

麗韶飄瞥更匆匆過也禁煙時節看布帆芳草晴波祗花鼓餳簫暫時拋

撇夢繞東闌賸幾樹梨雲飛雪對垂楊影裏渡口晚風何處喚鳩　還添子規夜月更江船遠泊笛韻吹裂憶舊遊淸興連番漫人倚玉樓馬嘶金埒景物依然換新火異鄉能說但天涯對花對酒負他怨別

浣溪紗

瀲灩金波照大隄隄邊楊柳細如絲曖空時見露痕微　略有聲聞長笛靜更無形影白鷗飛江淸人近覺天低

又

客路光陰燕子家小橋經雨漲平沙野田三月盡黃花　挑菜河濱人影聚賣餳村市語聲譁水鄉風物未應差

〇陌上花　荆襄之間芋田瓜圃多插野木香爲籬落春來瓊英滿樹幽芬襲人考之地志宜城西有木香村爲叚成式別業今日猶

漢南春柳詞鈔

存遺韵也

東風去日珠樓翠陌鬧紅開徧百六春闌猶有淡妝迎面荒塍歷落低枝亞倩影怕人窺見正清晨破蕾嫩黃輕點露珠如綫　仩肩輿夢醒曈曨曉色撲鼻幽香無限泪粉偷凝似訴玉娥嬌怨村娃插鬢渾閒事看得芳華都賤試徘徊覓取名園遺址素馨重眷

蝶戀花

月下聲聲聽杜宇纔過清明便恐春歸去門外垂楊煙外絮天涯別有傷心處　怨綠啼紅渾懶賦一縷游絲綰繫閒情住曲曲屏山天欲曙隔花催動流鶯語

念奴嬌　登襄陽城望隆中懷古

城西眺遠有羣山萬叠巒環無際千古英雄吟嘯處想見誅茆遺址大澤

龍蛇深巖虎豹不盡蒼茫意森然喬木好風吹送青翠　遐想諸葛當年滄江晚臥還爲蒼生起成敗三分多少事天付斯人料理管樂才豐關張命嗇遺憾今餘幾成都桑影異時空辦歸計

○玉漏遲　立秋

嫩涼生露井曉衾慵戀素羅須忍銀燭宵長微覺畫屏光冷底事秋來較早怕誤了天涯鄉信秋又暝碧梧偷減半牀清影　那無蒓菜鱸羹歎故里西風芋疇荒盡旅食經年又過荷香瓜沁不爲關河路遠但鏡裏星添雙鬢更漏永閒眠曙鐘先警

瑞鶴山　七夕

憑闌人靜悄有畫燭生涼翠屏光媚秋期夜深到料雲車握手玉顏應笑仙緣暢好且漫說相逢草草便一年一度歡娛也勝世間諧老　難了天

長地久此會緜緜未知多少華筵乞巧兒女意但相攙問何人能解金鍼偷度補盡情天懊惱步中庭靈鵲西風待他向曉

卜算子

山向眼前橫水向天涯去行到山窮水盡頭都有人行處　朝色送人來暮色留人駐暮暮朝朝馬上看磨盡英雄路

○阮郎歸

去年花發牡丹時春深人未知今年花發牡丹時春歸人未歸　吟思苦夢魂迷撩人花一枝風前裁減舊腰支翠幬金縷衣

陌上花　野菊

關河望遠家園何處又過重九歷落黃花開徧野田荒阜雖然不比東籬采也有暗香盈褎看秋容點綴征人馬上爲他囘首　正西風滿眼紅梨

丹柿景物深秋時候院落誰家記否捲簾人瘦倦游莫負登高會賴有野
萸村酒看枝頭一例金錢開盡傲霜猶有

臨江仙

藍浦雁來秋已老相思題徧羅襟夜涼人在小樓心繡幃慵啟處愁見月
華臨　銀燭畫屏偎玉頰誰家一刻千金窗前默坐數花陰幾時捱過也
鐘鼓韵沈沈

高陽臺 七夕立秋

荷粉飄香槐英碾屑長安雨洗新秋薄暝催花夜涼先到鍼樓神仙也被
多情累報金風芳訊綢繆儘教他訴盡微波銀漢西流　素娥生怕佳期
誤便嬋娟弄影庭宇添幽絮語屏閒有人猶待牽牛銀盤水拍春葱膩盼
秋光早上簾鉤願雙星乞與人間掃盡離愁

漢南春柳詞鈔 二

漢南春柳詞鈔

今年夏六月既刻經德堂文內外集續檢詩詞鈔本脫誤尤多蓋當年詩文原有精寫本一册繼棟攜來京師辛未之冬寄求曾文正公爲序次年而文正捐館舍至今此本未歸來猶幸其時將目錄存出校今存鈔本篇目無異今本爲咸豐丁已歲門下士倩人迻寫于時託非其人又瀕出京未經讐校以此脫誤最多繼棟謹以手稿之在行篋者再三勘定然手稿所存僅有咸豐癸丑以還及道光壬寅以前者癸卯以後至咸豐壬子之稿家中亦不復可尋檢此數年稿中脫誤無可校正悉從蓋闕茲刻凡爲詩內集三卷自道光辛丑通籍至咸豐丙辰官京師止別集外集各一卷皆少作詞一卷未編年悉是舊時手定惟分集在丙辰之秋是冬奉命視江西學所作別爲軺帚集今檢手稿此集之外軺帚集之前尚佚題梅伯言詩刻一詩高陽臺立秋一詞以居京時作仍錄坿此集後惟丙辰

至戊午諸稿尚待捜輯編纂故軺帚集尚未及梓文別集二卷則同於臘
尾告刊訖者也光緒五年己卯正月男繼棟恭識

梅神吟館集

光緒四年臘
月槧於京師

序

今世士大夫不學甚矣而婦人女子乃往往好言問學爲詞章然我觀周召二南聖人取之以爲詩始而卷耳鵲巢蘋蘩南山之篇說者皆以謂文王周公之德及其諸侯大夫而家人化焉蓋古者教女師傅保姆之法無異於男子而有家之責者又必以身先之至於婦人女子皆有得於詩書之澤禮義之正匪易言也今士大夫之於學既貿貿然無所循矣而爲其婦女者乃相炫以文辭是豈爲有本者哉余友桂林龍通副之繼室何夫人能爲詩通副以其所爲梅神館詩見視夫人之詩固亦未離乎婦人女子之詞而頗能劘切時事發明義理異於所謂相炫以文辭者通副奉母居京師不慕聲利而以讀書綴文爲事且求古人之立行濟世者而欲自有諸身則夫人之爲詩其異於世之婦人女子也豈足異哉豈足異哉咸

豐六年十月瑞安孫衣言序

夫言告師氏絺綌詠其時教傳姆母德家誦其誠是以扶風之集遂傳班志闕圖之家亦有進士女子有辭古則然已翰臣方伯覽括百氏著述盈尺殂於公職久輟緹素歲在除雍洪都翕羽既出觀風所爲詩詞復聆其淑配蓮因夫人梅神吟館詩且諗余曰自嬪于吾遷時多故里閈椎埋奉親萬里長安僦舍龐雜薪米單車之宦饘飽是職緝商綴羽今亦倦矣余受而讀之窮日而畢觀其述悄慟慄鏘聲砊越花飛釧動妙兼仙心山虛水深靜得琴理至于感時事之傴僂憤妜徒之跳梁不能爲郤女之拔閨幾欲學班生之棄筆淵淵乎硠硠乎以視世之吸雲爲言劘玉奏雅研紅成麗茹碧迸采誠有不可同日語者然而絮起因風皆謝庭賦雪之句春勝于秋悲蘇家評月之譚信翰臣言不虛也則豈非時爲之歟夫子喬之

瑟赤松應其節伯牙之琴鍾期同其韻友生且然矧在闈寢昔高文良公尹文端公以大雅閎達之材膺方圻都典之任邁値清晏彪著光業其中闈皆能詩婺女之煇聯燿於斗宿房敖之奏合音於軒朱翰臣領臚句之首選作人倫之職志崔駰博贍久擅文宗郭伋賢能被知當扆藩條出秉綜畫軍實政聲蔚起義問孚浹幸値

皇威夷布欃槍斂色東南底平計日可竢埽蒙茸與陸梁易劉戮以耜耒而君且十連宏總八州杖節展采錯事必有超逴於文良文端者政成民和歲登時若以其暇日讐檢緗縹唱詶樂事流闓懌之元風婉孌微吟亦輔相之餘緒鷄鳴賡昧旦之什鴛機織廣平之賦以彼雍容補茲勞勩君之幸歟又豈獨君之幸歟鄙生雖年紀逝邁學殖蕪廢而託嵇呂交游之舊猶當重過山公睹劉樊贈畣之篇不辭更爲元晏爾年侍生平湖張金

鏞篹

題詞

灌陽 蔣達 霞舫

新詩一卷清如許除卻梅花不稱渠知是幾生修得到前身飲水讀仙書

鷗波風韵傳千古閨閣於今竟有之羨殺紅蕉吟館客朝回花底坐談詩

全州 蔣琦湄 申甫

樂府清新李謫仙感時憂憤杜陵篇高才直欲兼雙美異代應須畏後賢

如此文章在閨閣盡教金粉化雲烟謝家柳絮慚佳偶弄玉今隨夫上天

無雙國士乘龍壻第一家風水部詩福慧兼修今有幾科名不負古相期

漢書自論妝奩富燕市人看駿骨奇（並集中語意）莫把鷗波比仙侶王孫風格尙嫌卑

仁和 邵懿辰 蕙西

三湘秀色入房帷八桂才名動玉知金殿臚句原首唱彩毫同夢忽雙枝
不勞點竄修眉筆無限翻新詠絮詞便恐紅窗希覓句年年文葆得佳兒

海甯　何國琛伯英

早向百花頭上開神仙眷屬合妻梅湘中靈秀騷蘭裔林下風標詠絮才
似此唱隨眞少偶幾生福慧信修來鸞坡退食眉齊案十幅蠻箋寫玉臺
烽火關山苦未休深閨覓句動悲秋掃除粉黛思投筆吟眺風雲愛倚樓
想見皇華欣奉使笑他楊柳怨封侯春江歸雁詩頻寄定爲星軺勉壯遊

題詞

高陽臺　　靈川蘇汝謙虛谷

錦字張機銀鉤寫韻春風香茗才華羅綬雙銜同心人似秦嘉蓬萊合著神仙伴掞天香閬苑奇葩料花時繡筆聯吟笑倚烏紗　鷄鳴喚醒朝天夢甚鹿門耽隱留戀煙霞眼底家山淒涼戍鼓村笳五湖可得相料理恨匆匆漁火平沙（平沙兩岸雪漁火半江星集中名句也）算樓前幾樹垂楊未是天涯

青玉案　　長沙孫鼎臣芝房

芙蓉豔照珍珠字才思鮑家嬌妹但是仙葩俱並蒂同心結就掃眉纔罷手擘鸞牋翠　迴文織出無須寄攜手蓬萊春正麗鈴索不搖無箇事海棠開後安排雙管學士朝初退

瑞鶴僊　　馬平王錫振少鶴

六花飛絮影記當時便猜謝庭高韵吳江柏楓冷又平沙漁火幾多幽勝

新篇似錦抵多少玉臺香茗好風流人似秦嘉朱戶綠窗同詠　閒豔宣

文講幄紛帨朝來佩聲低問鷗波自永迴首處惜萊隱料重逢此度文鷰

秘笥定有龍韜蛇陣笑春深淡月良宵詩懷漫省

題識

小窗苦雨寂坐無聊因取梅神吟館詩草浣誦一過名章俊句閒見疊出淸吟未已愁思頓豁是時架上薔薇冉冉已放花矣甲寅四月三日伯韓朱琦敬識

柳絮點驢可尋短句桃花跨馬欲請長纓粉澤香銷風雲氣壯此璣囊中寶非錦囊中物也僕向有贈女鬼林芝雲石碧桃句云男教祗令輸女教鬼才隨處勝人才讀此卷上句不可易下句又將易矣甲寅正月二十九日鄭獻甫小谷記

梅神吟館詩草一卷爲蓮因夫人作夫人未歸翰臣學士時才名藉甚曾於鄭小谷先生齋頭見其題靈鬼香奩集詩又於來鶴山房見其題朱伯韓先生先世遺墨圖詩淸儁岩逸詫爲近今傑作今得窺全璧二作皆集

中卓卓者固自喜眼福之廣而益幸先睹之爲快也至其卷中諸什撫古而不襲諧今而不俗兼以憂時感事語重心長由是以幾於作者之林行當於名媛集中首置一座甲寅天中後二日詞臣韋恩霖識於鄰簡軒時瓶供碧杏花

昔衛女貽彤管之篇漢宮流紈扇之什風雅之途既闢閨襜之製遂多大都雜佩鑄華綠衣表色未有鬱伊感事慷慨傷時當擁髻以微吟抱請纓之壯志房中曲奏將諧鐃吹之音鑪內煙熏忽變風雲之氣足使漢東錦字對此失妍江左香奩擬茲掩媸乙卯二月二十七日高要馮譽驥謹識

梅神吟館詩草

善化何慧生蓮因

將進酒

將進酒君莫辭今日花開紅滿隄明日風吹花滿池風吹花滿池不見風還吹上枝流光欺人去不回勸君且進掌中杯君不見關中楚漢相爭處今日依然無寸土又不見王績醉鄉李白樓惟有飲者名尚留

君馬黃

君馬黃儂馬白雙馬由來本難得呼嗟良驥本無多不遇伯樂終埋沒君不見勞勞塵世往來客誰肯千金市駿骨朱門彈鋏幾人歎長安道上幾人哭馬兮馬兮爾莫嘶時未遇兮且雌伏

王孫遊

春風起兮春草萋林英落兮鶯亂啼韶華不在兮鬢已絲君不歸兮復何
時

烏夜啼

秋雲輕秋月明牆頭啞啞烏夜鳴孤燈不明寒欲滅空亭木落蒼煙橫悲
風急愁心緊王孫歸不歸肝腸已斷盡

春閨雜詠三首

湘簾半捲夢初醒閒聽爭巢燕子鳴人靜綠窗春晝永落花如雨點棋枰

萬籟無聲天地空簾鉤搖蕩畫闌風樓臺十二明如雪知是銀河月正中

蝶怨鶯嗁草滿池留春春已不多時且將鍼當丹青筆閒繡桃梅一兩枝

長江秋夜

日落松林黑開帆月滿汀寒沙兩岸雪漁火半江星流水響相答征鴻飛

不停一聲聽欸乃煙破萬峯青

擣衣

鶴鳴白露降庭堦落葉深佳人當永夜含淚鳴清砧悲風吹亭樹寒月照羅襟嗟君當服日焉知妾苦心

沁香亭

地勝遺塵事(唐句)到來幽興生萍開知鷺浴水動識魚行斷岸飛橋接羣峯過雨明晚鐘清遠寺豈是世中情

野望

閒步東城外春風綠滿田長橋分澗水飛鳥破山煙岫遠天形濶池深樹影圓歸來溪上晚荷葉疊青錢

清明後郊行

春老清明後閒行負郭田草長盤馬地花落打魚船新漲平隄闊長橋野寺連嗟余困巾幗空自度年年

秋夜

擣衣聲不斷秋露溼堦前簾動風敲竹門開月滿天寒霜催落葉亂石咽流泉愁看籬邊菊花開又一年

秋懷二首

涼風蕭瑟柳初稀漸覺寒光冷繡帷千里關山夢難到相思轉羨雁南飛

鴻雁聲中葉滿陂怕拈紅豆計歸期南來若問相思意不斷天孫架上絲

江行二首

長江波浪靜清露夜沾襟萬里飛鴻急千山落葉深寒猿嘯雲谷冷月瀉霜林愁聽蘆花下秋蟲唧唧吟

風物夜淒迷天邊遠樹齊雲深猿嘯谷石亂水鳴溪野嶺三更月寒城半夜雞客情正無限怕聽子規嗁

懷二姊

鼓鼙江上暮潮生葉落時聞旅雁聲萬里秋風催畫角千家砧杵動重城樹含新月明飛閣風捲殘雲見太清遙憶長沙卑溼地定多遊子故鄉情

對酒 代作

對酒高歌月滿廊明湖淼淼起秋光莫將白髮臨清鏡閒聽秋風臥草堂人到窮途悲阮籍歌來斫地怨王郎近來贏得陶潛癖恨不攜家住醉鄉

春日閒居

翠竹森森解籜初綠波長養季輪魚偶隨雲鶴來仙洞貪看晴嵐誤道書芳草未荒三益徑旁人多比列仙居兒家臺樹鶯花裏任是蓬萊也不如

江上寒雲一段留浮沈無計任東流侯門羞拂馮驩鋏往事猶傳范蠡舟

黃鳥飛時鳴灌木綠楊深處有紅樓明湖兩槳乘風渡桃葉桃根盡帶愁

片雲孤鶴興無窮野水危橋處處通十里琴箏人似玉五陵冠蓋馬如龍

樓臺隱隱寒煙外桃李陰陰細雨中囘首滄波空歎息六朝賸有夕陽紅

春光盡集畫簾前獨坐危樓思渺然世事每從愁裏過江湖空結夢中緣

城臨北斗連清漢窻近南山對紫煙囘首瀟湘雲漠漠大江惟見往來船

遊白龍洞

洞門不鎖倩雲封路入煙霞訪舊蹤松徑寂寥棲野鶴石巖清淨隱眞龍

心遊蓬島三千界笑踏嵐光一萬重最愛紅塵飛不到落花林外幾聲鐘

擬古

洞庭木葉落秋水生微波遥憶南來雁今宵正渡河原野春華寂江城霜

露多閒調弦上曲腸斷隴頭歌

思婦歎

涼月皎皎涼風鳴打窗落葉無停聲堦前蟋蟀啞還駐金剪生寒露氣橫縫君衣淚空揮焉能化作長天雁從君萬里西南飛

感事四首

天下兵猶滿司農算已空羣黎飼豺虎戰士幾沙蟲掃蕩知何日謀猷誤數公可憐惟赤子無路訴蒼穹

王師已疲困盜賊尚縱橫四野空聞戰頻年不解兵頗勞持使節何以對蒼生感慨惟長歎深恩負聖明

日暮寒雲合孤城下落暉山河皆戰壘來往亦戎衣壯士骨空在元戎檄

屢飛頓兵眞坐困未解築長圍
不盡風塵感何時掃百蠻但聞新健出難見舊人還馬革包忠骨征魂哭
故關西南望烽火彩袖淚痕斑

悼亡姊

頻念形容淚滿巾妒花風雨正初春長途尚寄廻文字姊婿玑石孝廉時方北上一世
眞成薄命人誰料徵蘭爲噩夢空將業果付前身從今陌上花開日無復
歸來笑語親

過亡姊所居

小院沈沈蟲唧唧芳草無人上階碧夜深魂化子規來月明空望糚臺泣

聞人述桂平近事

四野旌旗夕照紅天涯何處定行蹤山河慘淡悲歌裏城闕淒涼淚眼中

數點青燐搖夜月無邊白骨起悲風可憐昔日繁華地劍戟森森列幾重

放言四首

天涯擾擾盡風塵欲報
君恩愧此身若使
朝廷用巾幗高涼應有洗夫人
恨不沙場萬里行豈辭馬上請長纓笑他碌碌稱男子投筆何嘗爲
聖明
對酒當歌慷慨生唾壺擊缺氣難平卞和空抱瑤華泣未遇良工豈得名
人呼靈運爲山賊衆指曾參妄殺人今古謗言同一例汨羅不獨有靈均

桃花

丰姿絕似息夫人脈脈無言野水濱我是桃花源裏客年年管領武陵春

寒夜吟

寒風蕭蕭響修竹抱琴閒作水仙曲月明天際鶴歸來夜深獨伴梅花宿

擬古二首

元豹隱南山神龍潛深淵候時待明主不爲名利遷子雲逍富貴投閣後人憐伊尹賢達士耕嶽巖石邊

野鳥指爲鸞祥瑞衆爭奇千金市駿骨皆笑燕人癡寥寥窮巷士落落未遇時果抱濟世略偃蹇何爲遲白髮釣渭水猶作帝王師

古意

東風吹綠楊綠徧河橋路憶昔送君行馬蹄從此去

長相思

心如蠶吐絲纏綿無盡期等到蠶絲盡是妾腸斷時

閒坐

閒坐蘭闈理素琴忽聞歸雁唳紛紛高山彈罷風生竹自捲湘簾看白雲

夜泊

猿聲白雲裏歸棹清溪邊遠樹淡欲沒飛鴻斷復連荒山亂夕照積雨冷炊煙惆悵故園隔四山聽杜鵑

山行

空山不見人野梅自飄落微風動寒林斜日照高閣泉飛百丈虹松棲萬年鶴之子期不來臨風自采藥

二姊寄贈冬衣賦此報謝

無褐何人念歲闌承君相贈到江干故衣久託桓沖癖遠道偏憐范叔寒千里雲山空有夢十年戎馬幾時安年來冷透姜家被別後方知見面難

感時

日落城頭旗影翻連天荆棘暗銷魂烽煙但見歸南郡鎖鑰憑誰管北門春社年荒空有樹秋原戰後已無村賈生自抱匡時略痛哭無由達至尊

棄婦詞

明月缺時能再圓雨落到地難上天憶昔從君若形影豈知今有相棄年妾顏未及老零落同秋草不恨秋風寒但怨秋風早君不見卓氏白頭吟相如猶轉心糟糠之妻不下堂微時故劍情何深又不見宋王百丈青陵臺龍樓鳳閣何崔巍韓憑婦死夫同逝化爲連理不分開君心今已矣賤妾可奈何惟當化作江邊石望君千載不消磨

秋閨怨

秋柳弄秋煙相思夜似年金風鳴樹項星月遥在天鳴機滴淚多葉落雁飛過誰憐征戍客今夜在交河舉目西風早彫盡西園草懷君底不歸豈畏紅顏老池有比目魚山有連理枝微物有情尚如此人不如物生何爲

題鄭小谷先生靈鬼香奩集

紛紛巾幗何須數靈鬼詩才振千古咳唾臨風珠玉生筆花萬態春雲吐當年紅粉已成塵交道文章並有神不是騷壇逢屈宋九原終古歎沈淪問渠那得才如許應飲明河萬斛水奇才天上不敢收讓與康成爲弟子金釵十二集蓉城管領風流羨曼卿零落桃花憐妾命流連芳草感君情春風竟作招賢地文字因緣本前世原是鴛鴦社裏人何妨重詠相思事春蠶雖死尚留絲繡帳蘅蕪又幾時千古才人心不死幽冥猶詠斷腸詩

又截句六首

鸞箋十幅寫幽思弱腕娉婷作字遲自有才華同謝女月明不唱鮑家詩

珠沈滄海月難圓往事淒涼泣杜鵑贏得傷心韓重在可憐紫玉已成煙

班姬才調古今無衛氏簪花絕代書借問梅花三百樹孤山何幸有林逋

新詞不盡吐琳瑯綠怨紅愁枉斷腸得與康成作詩婢也應不羨汝南王

用菊秋女史詩意

琪花瑤草競爭新桃李無言也是春曾領女僊三十萬上元端合號夫人

謂芝雲女史

香魂銷索久經年倘說前生未了緣誰似鍾情鄭交甫不須相見亦相憐

朱伯韓先生見示先世遺墨敬題其後

東坡昔有言恨不見前輩但能瞻遺澤傾慕聊可慰卓哉韞山公桂林舊

家世嶺嶠尊名儒兩河說良吏憶昔全盛時河北騰兵氣蠻起倉卒間怡

然籌守備豈惟障一方燕豫獲其利勞優賞何薄功成衆所忌洋洋闔閣
中亦聞說軼事遥贈名宦祠未讀守濬記遺墨僅片紙百有五十字交情
重僚友厚意若昆季吁嗟連城璧歸趙實難闕我今展此卷潸然欲出涕
令子侍御公英年早鳳翽名列三君子丰采覘國器抗疏誠致身引歸豈
無意躑躅瞻四方頗有澄清志去歲壬子春近郊警烽燧洪逆潰永安省
垣如鼎沸危城方岌岌守禦盡神智危機轉爲安桑梓深利賴今者河南
北人心頗危厲豫章多竊發山右亦顛躋蕩蕩長江水悠悠不可濟金陵
虎負嵎猖獗誰能制中原羽檄馳
宵旰勞至計蒼生方引領
天子亦倚畀公速作霖雨用慰彼彫瘵在
國爲名臣在家爲賢裔雖無大家才願得紀韓魏

贈外

幾載人稱詠絮才自曾憐惜自疑猜芳心久似葳蕤鎖得遇春風恨始開
牙籤萬卷實蘭房粉黛應無翰墨香愧我粗疏寒儉甚漢書一部女兒箱
回思繡閣昔塗鴉楊柳依依謝女家不是流鶯報消息誰傳春信與秦嘉
橫流四海盡煙塵那有心言兒女情我已無才困巾幗願君勳業繼文成

衡陽旅次寄外桂林 時隨母家避地於此

消瘦容光只鏡知近來膏沐爲誰施客中有夢憐家遠愁裏傳書恨雁遲
錦帳夜寒因寂寞銀屏秋盡最相思干戈滿眼無佗語惟願加餐自護持

梅神吟館詩草

梅神吟館詞草

善化何慧生蓮因

八月圓　寄外

長途多少傷心事錦字報秦嘉無端風鶴嚴城鼓角分散天涯　關河回首柔腸寸斷淚漬紅紗重逢何日片帆去遠千里雲遮

浪淘沙　思親

紅葉滿青山雨後生寒數聲征雁度鄉關客路長途多少淚羅袖難乾
衰草漸闌珊離思千般浮雲出岫幾時還憑仗西風吹恨去莫在眉彎

又　寄外

微雨打篷舟天氣初秋最難爲客五更頭回首家園何處也夢繞秦樓
倚枕聽江流雁唳蘆洲離情如水幾時休誰似鴛鴦滄海上不解離愁

浣溪紗　七夕

簾卷西風月似鈎數聲征雁度妝樓身如弱柳豈禁愁　幾片輕雲猶帶雨半庭黃葉乍驚秋畫屏閒倚望牽牛

梅神吟館詩詞一卷　先繼妣何夫人作　夫人以咸豐癸丑歸我　先君爲繼室甫五年　先君卒於官　夫人投繯殉焉奇節高行震於一時顧以命婦受封格于例不合旌表　夫人幼有至性尤嗜書史時外祖香宇先生以法家審寓桂林　夫人爲女家居卽工詠事一時有才女之目記　夫人來歸時繼棟尙童幼讀蘅塘退士所編三百首唐詩　夫人卽教以作詩之法咸豐戊午春　大母黎自京之　先君江西藩署九月猝遭大故　夫人抱繼棟頸泣繼棟立泣　夫人泣謂家難如此悉賴汝之成立矣繼棟泣不可仰不能畣不意逾日子歟　先君後作遺書以告大母黎中夜整冠裳縊于卧榻之楣矣痛哉此集閱二十年幸無佚脫又於他所得　夫人寄　先君手札二紙後坿詩詞今詞中浣溪紗一首乃從此札補入者噫　夫人九原之靈爽實冥式于茲編雖繼棟宦學無成

而是集幸獲就刊亦藉以慰　夫人之遺志　夫人生男子二弟五弟七弟七殤于江西五弟維林長身介立實稟　夫人之性去歲埘學爲生員寄五言古詩來有選理集刊成將以遺之光緒己卯春正月既望長男繼棟謹識

丁巳八月初四日收　芙裳

經籍舉要

經籍舉要

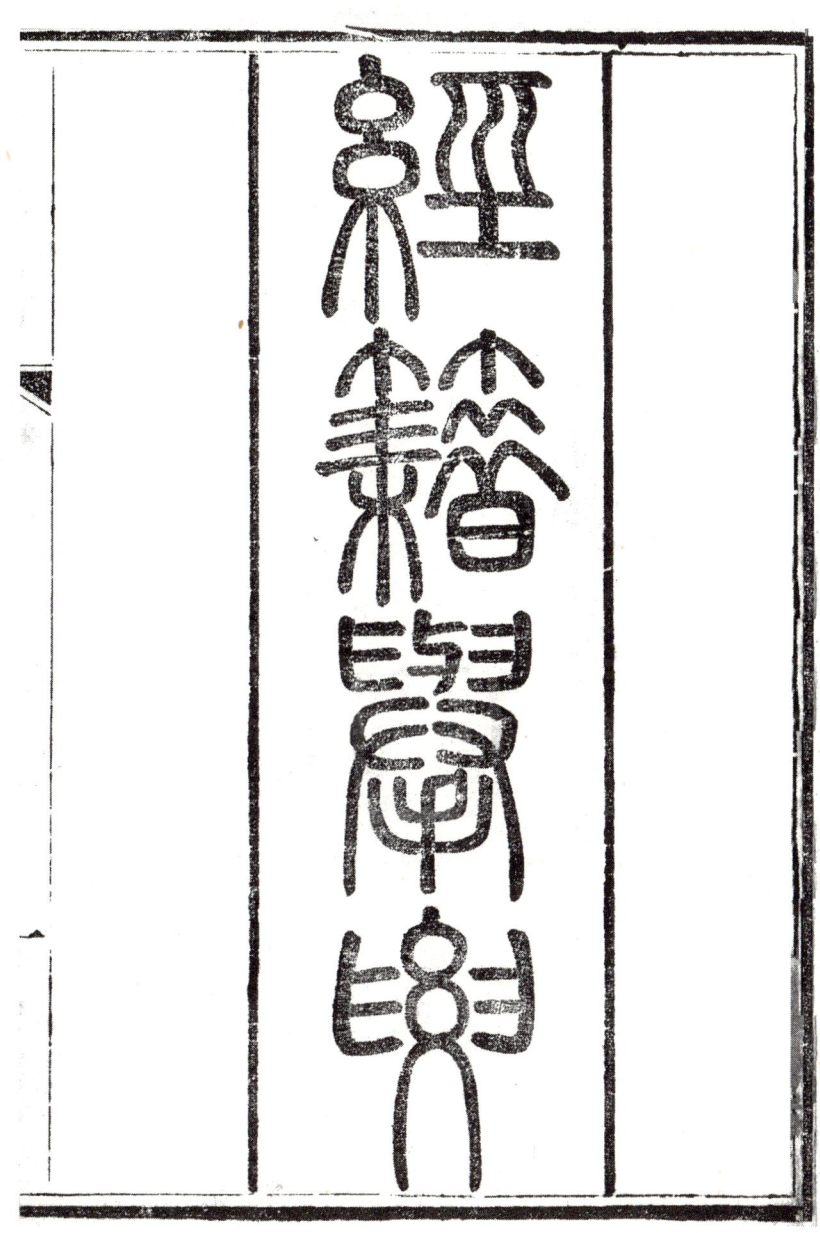

光緒癸巳仲冬重
栞於中江講院

經籍舉要

十三經注疏汲古本　阮刻連校勘記本　殿本有句圖并校勘

周易魏王弼注繫辭以下韓康伯注唐孔穎達正義尚書漢孔安國傳唐孔穎達疏詩漢毛亨傳鄭元箋唐孔穎達疏周禮儀禮並漢鄭元注唐賈公彥疏禮記漢鄭元注唐孔穎達疏春秋左傳晉杜預注唐孔穎達疏公羊傳漢何休注唐徐彥疏穀梁傳晉范甯注唐楊士勛疏孝經唐元宗明皇帝御注宋邢昺疏論語魏何晏等注宋邢昺疏孟子漢趙岐注宋邵武士人疏爾雅晉郭璞注宋邢昺疏

右十三經乃學問文章之根柢必須精熟貫通異日立身行事讀書作文處處方有把握然學者才質敏鈍不同兼習原非易事莫若隨其性之所近量力專習一經一經既畢乃及他經果能融會貫通則一經亦

自可發名成業漢世諸儒多以專門名家昔人教子弟各執一藝亦此意也至讀經之法陳文恭公豫章書院學約云先將正文熟讀精思從容詳味然後及於傳注然後及於諸家之說平心靜氣以求其解毋執己見以違古訓抄傍舊說以昧新知本經旣通乃及他經如未能通不必他及此數語誠爲切要又讀書原所以明理使我之身心受其約束我之立身行事皆有範圍程子云今人不會讀書如讀論語未讀時是此等人讀了後又只是此等人便是不曾讀諸生於此處尤當加意用功學問所以變化氣質果能潛心體玩則自己有不肖性質猶將愧悔悚惕陶鎔改換安有口誦聖賢之言而身蹈頑嚚之行縱他人以讀書人待我我能不愧於心立身一敗萬事瓦裂雖淹博如戴聖馬融詎能解免乎此尤窮經之士所宜知也

唐李鼎祚周易集解雅雨堂本　別有孫氏星衍所輯周易集解巾箱本

此書凡採子夏易傳以下三十五家之說專以發明漢學蓋其時去古未遠家法猶存與王弼韓康伯掃棄舊聞獨標新解者用意各異乃講易之書之最近古者

宋程正公易傳

戴震亦盛稱易傳　以義理言易莫善于伊川易傳王輔嗣不及也以象數言易莫善于李鼎祚周易集解　本朝惠虞姚諸家皆從此出

朱子周易本義

黃黎洲胡朏明皆力辨圖書之謬石齋先生三易洞璣已不取之惠松崖有本誼辨證二卷

明蔡清易經蒙引

此書大旨以本義爲宗而立說時有異同

國朝李文貞公名光地周易通論　周易觀象

文貞於易學最深故其書皆自抒心得又發明曉暢足爲初學津逮

國朝惠棟周易述易微言易例增

國朝江藩周易述補　易大義增

國朝張惠言周易虞氏誼增

國朝姚配中易鄭氏誼增

宋蔡沈書集傳

沈朱子弟子史稱朱子晚欲著書傳未及爲遂以屬沈沈又受其父所傳洪範之數沈潛反復者數十年然後成書發明先儒之所未及

國朝胡渭禹貢錐指

是書於古今地理考證詳明援引諸書尤繁富而有斷制乃學人所最
宜究心者

國朝陳澧錐指訂誤 增

國朝李文貞公尚書解義七篇

七篇者二典三謨禹貢洪範也詞簡而當義約而精所論天文地理詩
歌聲律考證尤爲詳備

國朝閻若璩尚書古文疏證

今文尚書二十八篇漢儒伏生所傳古文尚書二十五篇東晉元帝時
豫章內史梅賾所上稱爲魯恭王壞孔子宅得之壁中孔安國以今文
字讀之者卽是物也古文列在學官千餘年來莫之敢廢是書因朱子
有文辭格制與今文迥然不類之說遂辭而闢之其辨析三代以上之

時日禮儀地理刑法官制名諱祀事字義因尚書以證他經史者皆足祛後儒之蔽（見黃黎洲序）於學人考究之功不爲無益至於古文之不可廢則閻氏亦自知之矣

國朝惠棟古文尚書攷（增）

國朝王鳴盛尚書後案（增）

國朝江聲尚書集注音疏（增）

國朝孫星衍古文尚書馬鄭注輯　今古文尚書注疏（增）

朱子詩集傳

國朝陳啟原毛詩稽古編（增）

國朝陳奐毛詩疏（增）

國朝丁晏三家詩說（增）

國朝方苞周官集註案此無單行本見望溪全集中

訓詁簡明最便初學

國朝沈彤周官祿田攷增

國朝莊存與周官表增

國朝戴震考工記注增

國朝阮元明堂論增

國朝焦循羣經宮室圖增

宋李如圭儀禮集釋　儀禮釋宮

元敖繼公儀禮集說

國朝胡培翬儀禮正義增

宋衛湜禮記集說案是書世無單行本僅見通志堂經解中

經籍舉要　四

國朝金榜禮箋增
國朝金鶚求古錄禮說增
朱子儀禮經傳通解
是書以儀禮爲經而以禮記及諸書所載以類附之爲傳喪祭二門朱子未及屬草歿後其門人黃榦補成之
國朝江永禮書綱目增
晉杜預春秋釋例
國朝李貽德賈服注輯述增
國朝段玉裁校定春秋古經十二篇增
國朝馬驌左傳事緯增
國朝江永春秋地理考實

國朝趙坦春秋異文箋增

朱子四書或問

宋眞德秀大學衍義

明邱濬大學衍義補

明蔡清四書蒙引

是書雖爲科舉而設然發明義理猶有宋儒之遺意視時下高頭講章卑卑不足道矣

國朝陸清獻公名隴其松陽講義

國朝閻若璩四書釋地增　宋翔鳳釋地辨証增

國朝劉寶楠論語正誼增

國朝焦循孟子正義增

國朝孔廣森大戴記補註 增

國朝阮元曾子注 增

國朝孔廣森公羊通誼 增

國朝陳立公羊正誼 增

國朝柳興宗穀梁大誼 增

國朝鍾文烝穀梁補注 增

吳陸璣草木鳥獸蟲魚疏 增

宋羅願爾雅翼

國朝郝懿行爾雅義疏

是書引據精博直掩前賢而上之與高郵王氏廣雅疏證同爲近今之絕學

國朝邵晉涵爾雅正誼增

國朝王念孫廣雅疏證

唐陸德明經典釋文

是書以德州盧氏刻者爲勝

國朝王引之經傳釋詞增

國朝阮元十三經校勘記增　經籍籑詁增

國朝朱彝尊經義考翁方綱補

國朝謝啟昆小學攷增

國朝納蘭成德通志堂經解板存江甯藩署

內經典釋文禮記集說漢上易傳最佳

皇清經解

儀徵阮相國輯皆　本朝人說經之書板存粵東省城學海堂　棨通志堂所刻多宋元諸儒發明義理之書此則漢儒專門訓詁實事求是之學似相反而適相成有是二者而說經之書始備至其中亦有不必盡讀者則在學者博觀而慎擇之要使言義理者無空疏之失說訓詁者去支離之弊斯可爲通經致用者矣此刻非阮公本意阮欲翦截精要成一大清經解以當唐人五經正義未成其說見漢學師承記敘中

唐開成石經增

國朝乾隆石經增

國朝彭文勤公名元瑞石經考文提要

右經類

廿一史

漢司馬遷史記一　班固漢書二　宋范蔚宗後漢書三　晉陳壽三國志四　唐房喬等晉書五　梁沈約宋書六　梁蕭子顯南齊書七　唐姚思廉梁書八　陳書九　北齊魏收魏書十　唐李百藥北齊書十一　唐令狐德棻等周書十二　唐魏徵等隋書十三　唐李延壽南史十四　北史十五　宋歐陽修宋祁新唐書十六　歐陽修新五代史十七　毛氏汲古閣所刻十七史卽此是也　又益以元托克托等宋史爲十八　遼史爲十九　金史爲二十　元史爲二十一　明嘉靖中南京國子監請校刻史書　萬歷中北監又刻廿一史　嘉定錢氏云北板視南稍工　然校勘不精　譌舛彌甚　且有不知而妄改者　卽此是也　益以　欽定明史爲廿二史　又益以晉劉昫等之舊唐書　宋薛居正之舊五代史　則爲廿四史　武英殿所刻及頒行各學者　皆此本　而正史之數備焉、　案全史浩博　終身瀏覽　亦不能盡且卷帙繁富，寒士豈能家有其書而史記爲歷代文章之鼻祖班書實後世國史之權輿斯二者定當熟復至若范書之取材宏富陳志之用筆簡嚴李延壽則號稱良史歐陽公則長於敘事明史時事去今最近觀勝國之所以亡即知　本朝之所以興尤足爲攷證得失通知世事之助皆學人所當先務者

漢荀悅前漢紀 增

晉袁宏後漢紀 增

宋司馬光資治通鑑 元胡三省注胡刻本 陳仁錫本

是書用編年體上起戰國下終五代歷朝事蹟若網在綱淹通貫串爲自來史家所不能及學者既不能讀全史則是書首當寓目苟能於此卒業則古來得失善敗之故固了然於心目閒矣　案陳文恭公豫章

書院學約云凡讀通鑑及紫陽綱目讀某帝畢卽須從頭檢點記其大因革大得失宰相何人幾人賢而忠幾人姦而佞統計一朝盛衰得失之故如在目前然後看第二代閱二十二史如看本傳又須看其何時出仕居何等官有何功業歿於何年統計一人之終始如在眼前然後再看他傳如此則讀史雖不能全記而規模總在胸中矣愚謂今日諸生讀史必須手邊置一劄記隨其所得分類記之記古人之嘉言懿行則足以檢束其身心記古人之善政良謀則足以增長其學識以至名物象數片語單辭無非有益於學問文章之事當時記錄一過較之隨手繙閱自當久而不忘且偶爾憶及與蓄疑思問其檢查亦自易易此爲讀史要訣諸生所宜盡心

宋司馬光稽古錄

是書上起伏羲下至宋英宗治平之末而以所作歷年圖中諸論附之其於治亂興衰之故剖析最明朱子語錄中謂温公之言如桑麻穀粟小兒讀六經了令接續讀去亦好皆謂此書可知其有益於世矣

宋劉恕通鑑外紀增

宋李燾續通鑑長編增

國朝畢沅續宋元通鑑增

國朝夏燮明通鑑增

國朝蔣良騏東華錄增　王先謙續東華錄增　又補東華前錄增

宋朱子通鑑綱目

欽定綱目續編　三編增

宋袁樞通鑑紀事本末增

明陳邦瞻宋史紀事本末元史紀事本末增

國朝谷應泰明史紀事本末增

國朝祁韻士藩部要略增

國朝魏源聖武記增

國語左邱明傳吳韋昭注

戰國策漢高誘注

案二書時代在前而列於此者遵欽定四庫全書簡明目錄歸入雜史之例也

後魏崔鴻十六國春秋增

國朝吳任臣十國春秋增

宋王溥唐會要　五代會要增

宋徐天麟西漢會要　東漢會要增
唐劉知幾史通國朝浦起龍釋增
國朝章學誠文史通義增
水經注漢桑欽撰經文後魏酈道元注　戴震全祖望趙一清董祐誠各校本最善
唐李吉甫元和郡縣志增
宋樂史太平寰宇記增
宋王應麟通鑑地理通釋增
國朝齊召南水道提綱增
國朝洪亮吉乾隆府廳州縣圖志增
國朝徐松西域水道記增
國朝徐松新疆識略增

國朝陳芳績歷代地理沿革表增
國朝魏源海國圖志增
國朝何秋濤朔方備乘增
國朝李兆洛歷代地理志韻編增

右史類

老子晉王弼注　石柱本　吳澄注　武英本　張爾岐說略　畢沅校本
莊子晉郭象注　姚鼐章誼
列子
管子花齋本　戴望校正
晏子春秋吳鼒顧廣圻本
孫子孫星衍十家注本

荀子抱經本劉台拱郝懿行補注

韓非子吳鼒刻顧千里校

呂氏春秋秦呂不韋畢沅本

淮南子漢淮南王莊校本許慎高誘注錢塘天文訓注

鹽鐵論漢桓寬撰王先謙校本

白虎通漢班固撰陳立疏證

漢賈誼新書

漢董仲舒春秋繁露凌曙校本

漢劉向新序　說苑

漢揚子法言秦敦復本

隋王通中說

周子名敦頤太極圖說　通書

張子名載全書

二程子大程子明道純公名顥二程子伊川正公名頤遺書　外書石門呂氏刊

朱子語類

濂洛得朱子而學術始大

欽定淵鑑齋朱子全書李光地奉敕編增

眞西山先生讀書記

元許魯齋遺書

江漢先生趙復弟子得文正而朱學始北行

明薛文清公名瑄讀書錄　續錄

湯子遺書國朝湯文正公斌撰

夏峯弟子兼治陸王之學

三魚堂賸言 松陽抄存 國朝陸清獻公撰

嫥治程朱之學而攻姚江與荆峴派別

榕村語錄 國朝李文貞公撰

宗朱而有作用

張楊園遺書

蕺山弟子始同終異蓋忠介乃姚江五傳幹蠱之門人也楊園宗指稍別

右子類 案宋五子以後諸儒之書原不當與老莊諸子並列茲謹照四庫全書總目之例歸之子類因體例取其簡要復不能分儒家道家之目特以時代後先敘列如此讀者自能分別觀之

漢王逸楚辭章句

朱子楚辭集註 辨證 後語

陶淵明集 陶澍刻本江州草堂本

陸宣公奏議 年刻本

李太白集

杜工部集 錢箋本仇兆鰲詳注本

韓昌黎集 永懷堂本東雅堂本宋本考異十卷單行

柳河東集 明台刻韓柳本

司馬溫公傳家集

歐陽文忠集

曾南豐集

王臨川集 詩有李璧注本

三蘇全集

眉州刻本外間書坊有之至其單行本則老蘇爲嘉祐集長公爲東坡全集次公爲欒城集今皆通行

施註蘇詩 查愼行注本 馮映榴詳注本 紀文達公昀批本

黃山谷詩集 任淵注 武英殿聚珍板本 翁方綱合校內外集別集本 別集史容注

朱子文集

元遺山集 金元好問撰 施國祁注本 張穆校陽泉山莊本

道園學古錄 元虞集撰 汲古閣本

王文成全書 明王守仁撰

震川大全集 明歸有光撰

國朝顧炎武亭林文集 增

國朝朱彝尊竹垞文類增
國朝魏禧文集增
國朝方苞望溪文集戴鈞衡校抗希堂全集本
國朝姚鼐惜抱軒文集增
國朝汪縉文錄增
國朝彭紹升二林居集增
國朝張惠言茗柯文編增
國朝惲敬大雲山房集增
國朝魏源古微堂內外集增

右集類古人文集浩如淵海今就其有益於德業者著之

司馬溫公家範　書儀

二程粹言 宋楊時編

近思錄

朱子與呂祖謙同撰取周子二程子張子之言擇其切要者著於篇淳祐十二年葉采爲之集解始表進於朝近人復輯爲五子近思錄宋朱子之言以繼四子之後所擇未精於葉氏舊註復多去取不如原本之簡明惟江愼修氏註者爲善

宋名臣言行錄 朱子撰

元蘇天爵名臣事略 增

國朝文獻徵存錄 錢林撰 增

國朝名臣言行錄 王炳燮撰 增

國朝名賢碑傳錄 錢儀吉撰 增

小學 高校集注本 祁刻本

舊本題朱子編 四庫全書簡明目錄考定為劉子澄所類次其書皆言蒙養之事教子弟者所宜家置一編

元程端禮讀書分年日程

明呂新吾 名坤 呻吟語

明劉念臺先生 名宗周 人譜類記

國朝李二曲四書反身錄

國朝陳文恭公 名宏謀 五種遺規 訓俗養正學仕從政訓女凡五種

右約束身心之書 凡十一種

右十一種常置案頭可以束身寡過雖不能遽至於聖賢之域而不流於不肖也決矣

欽定四庫全書總目提要　四庫全書簡明目錄

宋王應麟困學紀聞閻何校本　七箋本　翁元圻注本

國朝顧炎武日知錄黃汝成毛嶽生注本

國朝王鳴盛十七史商榷增

國朝錢大昕十駕齋養新錄　廿二史考異

國朝王念孫讀書雜志

國朝俞正燮癸巳類稿　癸巳存稿增

右擴充學識之書凡七種

學者讀書最忌見聞荒陋用以作文必無精采安能出人頭地苟於此

融會貫穿庶可無村秀才之誚矣

唐杜佑通典

宋鄭樵通志

通志取二十略足矣

元馬端臨文獻通考

國朝秦蕙田五禮通考

徐乾學先撰讀禮通攷秖凶禮一門文萘補撰吉禮戴震修觀象授時一門

天下郡國利病書國朝顧炎武撰增

讀史方輿紀要國朝顧祖禹撰

皇朝經世文編國朝賀長齡輯

大指祖陸曜切問齋文鈔

右博通經濟之書凡六種

漢許叔重說文解字汲古本朱刻本藤花榭本五松園本

宋徐鉉等補註補音增加新附字原本十四篇合目錄為十五篇是書發明制字之原今賴以存古形古義古音者讀書而不讀說文是雖識字而不識字也以孫淵如氏平津館叢書內仿宋刻本為勝

南唐徐鍇說文繫傳祁刻本

鍇鉉弟也其疏解說文不盡得許意引書尤多舛錯而議論通博實足以自成一家

國朝段若膺說文解字注

說文之所以可貴者以其於讀經有益也段氏此書於經義融洽貫串而講求聲音形體處亦為精確的當在說文家可為空前絕後之作特好以意增改恐失許氏之舊是其一病耳

國朝段若膺六書音均表增

國朝桂馥說文義證增

國朝王筠說文釋例　說文句讀增

國朝錢大昕說文答問辥傳均注增

國朝姚文田說文聲系增

國朝鄭珍說文逸字箋增

國朝鈕樹玉段注訂增

玉篇

廣韻此二書通行吳門張氏重刊宋本

明陳第毛詩古音考　屈宋古音義

國朝顧炎武音學五書

亦源出吳棫而正其得失實爲說古均之大宗迨戴東原孔撝約姚秋農張臯聞劉申受江有誥王石渠朱駿聲龍翰臣諸家出而以說文形聲言古均其法益密矣

國朝江永古韻標準

以上三書爲講明古今音韻之準則必明乎此而後三百篇及周秦以上有韻之文乃可得而讀三家以次相承遞爲推闡自茲以後言古韻者愈密而其說愈紛而不可治要不如此三家之適當而止也

右文字音韻之書凡九種

梁昭明太子文選胡刻顧彭校李善注本梁章鉅旁證

宋郭茂倩樂府詩集

宋姚鉉唐文粹增

宋呂祖謙宋文鑑 增

元蘇天爵元文類 增

明程敏政明文衡 增　明文授讀 黃宗羲編 增

明茅坤唐宋八家文鈔

八家之名自鹿門而始著後之談古文者莫能出其範圍普學者當由此溯源於班固馬遷及周秦諸子自能用古人之法而不爲成格所拘必欲悖之而別求高遠難行之路將有終身爲旁門外道而不自知者

國朝方苞古文約選

望溪於古文義法最深是篇持論亦最嚴謹觀其點定評語足以知文章之軌則矣

國朝姚鼐古文詞類纂

惜抱老人得歸方二家古文之正傳是篇所選其體格較望溪爲備評註較鹿門爲精後之學古文者觀此足矣

國朝儲欣唐宋十家文

國朝曾國藩求闕齋經史百家雜鈔 增

國朝浦起龍古文眉詮 增

國朝王士禛古詩選　萬首絕句選

宋洪邁選唐人萬首絕句取盈卷帙未免蕪雜阮亭尚書約而精之去取最當

國朝姚鼐今體詩選

阮亭尚書選古體詩而不及近體詩姬傳先生補之此爲惜抱軒十種之一

明王志堅四六法海

國朝李兆洛駢體文鈔

國朝駢體正宗 曾燠編 增

國朝王昶湖海文傳 增

國朝詁經文鈔 朱珔輯 增

國朝七家文鈔 陸繼輅輯 王堂刻 增

右詩古文詞之書凡十種

欽定四書文

乾隆元年 命侍郎方苞選定有明制義四百八十六篇 國朝制義二百九十七篇都爲一集乃時文之極則不朽之盛事也

國朝俞長城百二名家制藝

是編所刻自宋至　國朝康熙閒凡百二十八各序其出處梗概於卷端可以知人論世至忠孝節義之事尤鄭重言之前人序其書謂五百年之文即五百年之史殆非溢美

試帖庚辰集

紀文達昀編是集於試帖之中仍能講究格律猶得唐人近體之遺意異乎疊牀架屋以刻畫字句為工者蓋試帖亦猶律賦固貴以層次為主也

右場屋應試之書凡三種

案諸生今日莫不以場屋應試之功為急務而所載之書止於三種者以根柢之學全在經史之中經史既明則醞釀深厚焉有用以為應試之學而不工者故登此數者以為舉業之準繩若夫時新花樣遞變不

窮揣摩之士自能家有其書亦難先爲預定所貴隨時隨事貫以實心今士人既以時文試帖律賦爲進取之資豈宜苟且從事以自欺欺人者若乃以枵腹學古人而徒襲其貌以粗才爲議論而不守其中由茲見斥適無足怪又況平時有不殖將落之患而臨場思以詭遇得之姦僞之人天必不福然則平心靜氣光明磊落乃諸生讀書養氣之根原而亦舉業之先務也

又律賦亦近今場屋所用而選本之佳者甚希惟坊間通行之律賦衡裁集及顧南雅學士所選律賦必以集取法唐人足爲初學津逮若古體諸賦則文選及古文詞類纂中備之矣

右所舉各書皆於諸生有益所宜置之案頭以備觀覽其爲目多而不繁簡而不漏由此擴而充之可進於博通淹雅之域即守此勿失亦不至爲

鄉曲固陋之士謹查
聖諭廣訓地方官朔望宣讀列在學官諸生平日自宜潛心講肄又如
欽定諸經
御批綱鑑
御纂性理精義等書
列聖御製集
今上御製集覺世牖民允爲藝林矩範但業經頒發者各學俱有藏書諸生志切
精研無難敬謹借讀其未經頒發者外間書坊亦無其本非諸生所能購
置今故不敢以著於錄又如
欽定大淸會典
大淸一統志

皇朝三通等書尤講求經濟通知世事者之所必及但以卷帙浩繁坊間難於購覓諸生異日讀書中祕自能窺美富之全茲亦不復及焉要之道德文章本同原而其貫諸生但爲弋取科名計則揣摩之書歸於簡練原不必博觀羣籍乃爲得之然而事貴求其本原學必將以實意時文試帖律賦其根柢豈能離經籍之中果能胸有積軸用之舉業斷無不利惟空言高古橫肆粗才不能平心靜氣以就範圍或自矜博洽流入險怪晦澀而不自知者亦難望其入彀乃不善讀書之過非書之足以誤人也且既身列膠庠則平日之所事者何事於此等有益之書尚不能讀則其人之悠忽怠惰可知欲望他日有益於國家難矣今以三年大比計之諸生於此等年分自不能不以十分精力專注舉業無暇更及羣書若遇閒年正當於此時講求根本之學根本既立則舉業乃其枝葉自有暢茂條達之象屆期再講求規模格式較

之沾沾用功於時文者自必事半而功倍矣或謂此等書籍寒士力難購買而堆書滿案亦慮有妨正業則請倣讀經之例各就其性之所近者習之有志聖賢者宜先讀宋儒義理之書留心經世者宜博觀諸史已然之迹推之詩古文詞能執一藝者卽爲過人之技文字音韻能精一業者俱爲有用之書凡茲舉其大綱乃爲導以先路果能剛讀經而柔讀史卽爲今與居而古與稽願學者貴盡其全功未能者且俟之他日如此銖積寸累自見富有日新而又何鶩廣而荒好博而雜之患乎夫文運與世運相維而欲文教之興未有不從讀書始者本院自維寡薄未嘗學問自忝竊科名以後恆悚惕不安於心今復恭膺

簡命視學此邦實與同人講求讀書之日因舉夙昔所聞有志而未逮者與諸生其講明而切究之諸生異日有能因博學以進乎篤行本文章而發爲

經濟者則移風易俗胥有賴焉使者之榮莫大乎是矣若夫鴻博之君子則是編誠無足道有寓目者諒無誚諸道光二十七年十一月日提督湖北學政升用侍講翰林院修撰臨桂龍起瑞識

附錄吳晴舫學使告示六條

示全屬應試生童知悉夫通經將以致用學古所以多聞經術明斯儒業醕學術正則人才蔚膠庠造士舍是無由兩浙山水清淑靈氣所鍾聲明文物甲於東南宿學耆儒後先相望使者奉

天子命視學是邦深以款啟寡聞不克稱職爲懼第聞近日以來習尚少變綴學之士墨守八股罕求根柢即文采蔚然亦由類書轉販而非討自源頭積習相沿浸至舉其文而不曉其義踵其譌而莫辨其非蹲鴟日及貽笑通儒士林之愧亦使者之羞也願以爲學之方與爾多士覼縷言之

一經學不可不明也士子束髮就傅先誦四書次及五經中材以下靡不由之至周禮儀禮爾雅則每苦其難讀公羊穀梁孝經則或視爲可緩豈知十三經頒在學宮無一不當誦習外如左氏國語大戴禮記尚書大傳

逸周書等雖不列於十三經之中實足以補十三經之闕凡此皆當熟讀者也經書既備然後研及註疏毛詩三禮最爲淹博當先觀之次則三傳亦可采擇論語雖以朱子集註爲宗而何晏集解亦當參存詩則毛鄭之外兼考齊魯韓三家若易則李鼎祚集解參以惠氏周易述書則王氏後案孫氏今古文註疏爾雅則邵氏正義皆漢學也他如太原閻氏婺源江氏戴氏四明全氏萬氏長洲惠氏嘉定錢氏高郵王氏諸家說經之書根柢湛深精而且博好古之士尤宜攷覈

一小學不可不講也孔子曰必也正名許氏曰文字者經藝之本未有形聲訓詁之不明而能窮經者也漢時字書存於今者僅史游急就篇許氏說文解字二書而許書尤爲識字之津梁註之者金壇段氏爲詳備有志研經者必先鑽仰於斯外如經典釋文方言釋名廣雅玉篇廣韻集韻皆

小學之階梯韻學之淵海如欲研求古音則顧氏音學五書江氏古韻標準段氏六書音均表可參究焉

一史學不可不廣也二十四史浩如煙海寒士或力難置辦而史記兩漢書要爲必讀之書不特文詞古茂兼之儒先師說出其中實足以羽翼經傳不僅爲史家準繩而班書尤無俗字古人假借通用之字可藉以考見崖略更足爲小學之助外如涑水通鑑紫陽綱目於歷代政治得失瞭如指掌皆當循覽以廣學識其餘各史視才力有餘及之可也

一文學不可不富也昭明文選爲詞章之淵奧固當家置一編童而習之有唐一代文體大備而姚氏唐文粹實擷其菁華當選取一二百篇讀之以繼蕭選之後若論事之文則陸宣公奏議蘇長公策論縱橫馳驟反覆詳盡讀之尤足擴充識力增長筆力賦則古騷排律四體各視其題之所

宜應試之作律賦居多當以唐人爲法每段中隔對祗用一聯多亦不過二聯過此便太重滯段首承接處尤不可用隔對宜細究之

一詩學不可不細也詩以道性情古近各體學焉而視其性之所近原不盡責以人人皆能惟五言試帖功令以之取士自歲科小試以及
殿廷大考靡不以此爲程課風會所尙講求益精大約押韻宜穩選字宜愼結體宜莊雅不宜纖佻措詞宜工切不宜粗泛對偶貴精不可虛實不稱聲律須協不可平仄誤拗俗云一三五不論之說斷不可從至韻中之字有平仄兩收者有同屬平聲而兩韻義異者均當細辨不可誤用以致出韻失黏每聯承接處尤當細細檢點不可順調

一字學不可不習也欲工楷先正字體童子初學握管卽當嚴正點畫勿以村學俗體諸字俾之入目遂其長自然涉筆無誤其有少時失於講究

者卽當隨時留意矯正近刻有辨正通俗文字及正字略兩書雖淺近頗便省覽置之案頭日夕繙閱久亦漸可更正至臨摹古帖藏稜露鋒各從所好亦不盡拘一格大抵應試楷法以勻淨腴潤爲貴斷不可任意塗鴉以致添改字多拉雜汙目令閱者生厭每日讀書之暇書寫小楷三四百字日久無間其效最速勿以小道而忽之

以上六條皆切於學問非務爲迂闊願多士等勿狃於故常勿安於弇陋勿畏難而中止勿陽奉而心違師友用是爲切磋父兄援是爲詔勉以此而取科名其取之也尤捷以此而作制藝其作之也必工孔子曰十室之邑必有忠信語曰一人善射百夫決拾士果有志向往當必有聞風興起者抑又聞之孟子曰學問之道無他求其放心而已矣爾多士等誠能以使者之言爲然則安分讀書不暇外務匪僻之心自然默化是卽寡尤寡

悔之資亦士風蒸蒸日上之機也多士勉之使者實有厚望焉特示

跋經籍舉要

臨桂龍翰臣先生學有師法宅心和厚治春秋兼參董生何范治韻學通貫顧江戴段孔姚文僖諸家讀通鑑分類節鈔爲文義法則取桐城方氏姚氏紆餘奧折曲暢旁通閎實而兼有峻潔之意官江西有惠政後入國史循吏傳此冊乃先生督鄂州學政日與劉茮雲助教傳瑩所定以教諸生同時邵位西比部懿辰詆爲簡略比部有斠補四庫書目竊謂學人手此冊要目苟能盡通之則能如東坡所云八面受敵纍處視月之廣往往不若牖中窺日之精惡得以比部一時偏宕之言爲口實邪且比部晚年作檢書圖

記何嘗不亟亟求提要鉤玄以約爲歸乎此本久燬予游海王村偶得之歎其用意平實教人易行持之有故言之成理俾上質約指而逾明不致馳騖無涯之智中材孱守而可跂亦不至暄暄姝姝墨守一先生之言往復董勸艮工心苦推知先生居官不苟力求所以稱學政之職抑可以風世矣先生之冡子松岑計部假以重琱予乞刷印百本以遺邑子而發藥之如先生之學思嫥靜踐履肫篤不負大科松岑詩筆足世其家皆可資以擴吾州人士聞見示之爲學軌範切近身心鞭辟入裏而使之奮然興起焉光緒辛巳長夏十九夜雨止颸涼翦燭搆一過

有應增訂酌改處注於行隙漸西後學袁昶跋尾

再跋

學術所以御世變者也故傳曰執古之道以御今之有睹往軌知來轍史公作史記意指曰知天人之故通古今之變刪述秦記敘曰世異變成功大又曰好學深思心知其意（班自述亦云函雅故通古今）鄭君大儒也注漢律令又推蔡雍能知漢掌故作十意未成而沒歎曰漢世之事誰與正之孟子法先王者也荀卿法後王者也王通亦推尊七制之主今世學士大夫窮年盡氣孜孜矻矻日治訓故義理詞章考證之學苟猶未能通知天人相與之微古今事變之蹟以觀其會通拯其偏弊於古近之因革利病

不能類別門分條舉件繫推論損益得失之故以待賢君相之采擇惡得謂之學術哉吾師南皮尚書視蜀學日述輶軒語分行學文三科以示學人正軌古之聞人或學而不文或文而不巧拙鈍學累功不妨精熟拙文研思終歸蚩鄙但成學士自足爲人必乏天才勿强操筆然則文事關乎天得學行則人人可勉而至焉然語云篤其實而藝者書之楊子雲言讀千賦則自善賦學力至者亦未有不工比事屬詞者也　又爲書目荅問取七錄四部刪繁舉要示橫舍諸生以不可不讀之書尤詳於

國朝掌故三通輿地兵家邊防筭術而兼采營陣水師考工卄人火攻製造新法此非所謂古今之變邪先生蓋觀其通矣先

生壯年嘗牓座右自儆敕云兵家盡補能康世經義咸明乃箸書示人以明體達用津筏具存意指較然明白矣不揣迂陋蒙恩備官故鄣之地景仰慎修雙池諸先生講學之鄉流風正則學衇漸散顧自憾學行庳薄吏能淺近忝預有覲風整俗之責而律身諺疏尸素滋恧于湖舊有中江講院私願與諸生於月課時藝帖括之外講明爲學大指擬略昉近日四明之辨志文會滬上之求志書院鄂渚之兩湖書院分科設目各章程刪繁訂要提綱辨業擬分爲十五目每目之中再分子目曰經學小學韻學附焉有先秦漢初之經學有東京之經學有魏晉六朝人注疏之學有唐人義疏之學北宋後略具通志

堂經解及錢刻經苑中以朱子爲大宗劉原父程伊川衛湜朱子發王深甯吳草廬各爲派別亭林顧氏云經學卽理學也然派別要自不能强同曰通禮學如唐六典開元禮宋政和禮金集禮禮書綱目讀禮通考五禮通考大清通禮之類溫公書儀亦簡明便於檢閱樂律附焉曰理學以宋元學案明儒學案分門爲綱領國朝學案則參取阮氏國史儒林傳唐鑑學案小識江藩師友淵源錄錢林獻徵錄錢儀吉先正事略王炳國朝名臣言行錄正編二編三編曰九流學其醇者可以羽翼六藝當去其短而取其長則可以通萬方之略曰通鑑三通政典之學歷代正史則系傳分代史志分門部居散隸以便檢閱善敗起訖與夫因革損益之迹焉曰輿地學宜詳於圖表曰掌故學宜詳於

國朝以爲根柢漸推上溯以至於近代如元經世大典明會典曰詞章學

內以文選文粹學另列專門呂東萊眞西山朱右茅坤黃梨洲儲欣方苞姚鼐所選唐宋元明文別爲一門以示綿蕝流派各異不可强合金石碑版附焉曰兵家學宜有圖仍略仿班志形勢技巧權謀陰陽四目宜添製造一門惟兵陰陽家爲不適于用曰測算學分中法西法至緯候占驗則別爲一門絕不闌入曰邊務學曰律令學自唐律至大明律爲列代之律令有國朝之律令吏治書分類附焉曰醫方學曰考工學如營造法式及近日製造管駕學堂水師武備學堂所肄書之類曰農家學國之大命繫于農織雖有金城十仞湯池百步帶甲十萬而無粟弗能守也一夫不耕天下爲之飢一女不織天下爲之寒故種植授時農政水法荒政之事賅焉此十五目皆有益國故政要民生日用而爲桑麻穀粟平實有用

之學苟能優柔而饜飫磨礲而浸潤幾分之而幾合之以待高材生他日登進仕路備國器使庶乎漸儲大小雅之材而臨事不致有乏材之歎此竊取書目荅問意也顧深惟講院課士之法宜有敘有物各就其姿性之所近使自擇志趣之所孤詣然後同源分流各有所成不可驟困以浩博無涯涘之藝事近賢所云材稍大者苟不能成器不若材小者琢之成器之爲得也語云五穀不熟不若荑稗丹經萬卷不如執一同能不如獨勝旨哉言乎爰先取龍先生經籍舉要及吳姓舫太夫子告示六條先府君之師鏤版刊行以

董勸諸生俾知所從入之途指約而易循事簡而功多如是而後經正民興不爲邪說詖行俗學異徑所惑以爲椎輪華路之導庶不負前賢苦口勸學之盛心乎若夫由其概以求其詳則有蜀刻之書目荅問在進而求之可矣龍氏之書僭與華亭沈子思齊於各門原目稍有附益仍循用本書門類不敢亂其例也光緒甲午二月昶又識

家塾課程此專責成爲蒙師者課十五六童子以下而設

大約以看讀寫作四字爲提綱讀熟書經類及文選古文詞類纂以沃其義理之根看生書史類以擴其通變之趣寫字以觀其用心之靜躁作文以驗其養氣之淺深四者具而學生之基業始立尠懕志亦尠遁情矣初上學者先作讀寫兩字功課爲要

早起少長以序入塾拜

先師神座畢謁拜

師長請　安畢應對進退禮節以管子弟子職朱子小學爲主理昨日生書帶溫書一卷背

上生書　師長先依經講解逐字實義畢再講實字虛用虛字實用本義有引申異義有通假之法以說文解字爾雅廣雅玉篇廣韻爲主其每一字得聲則有古音古謂周秦先漢今韻今謂魏晉以下方言之互殊雙聲疊均翻切之相貫然後析其章段離其句讀條其意指講畢命學生覆述一徧看其有見解否乃就位念一百徧初緩讀後稍急讀字句要有抑揚頓挫之節奏四聲要有高下低昂之準的不熟再加一百徧午飯訖循階走三百步拉弓習禮射畢寫字一二張以初唐人碑版爲主講把筆講閒架溫書一本背有誤字尖出命改正仍讀生書　將晚屬對自兩字至五七字以爲作四六文張本

燈下念唐賢五律詩取於試帖相近或古詩源　上生詩時爲之逐句講解有正對有借對有反對或明使故事或暗用故事

閒日出詩題試作五言絕句一首以次增至四韻六韻

功課做完跪叩

先師神座前揖

師長畢命之退乃退

逢三八日作文初一十五日作史論及詩賦

草訂一簿每日自記行事讀書及有所疑有所悟爲作論及次制義張本

早呈　閱

學生有不率教不及格者依科懲責決不寬宥

寫日記簿之式年稍長學稍進者用之

如平旦食時日昳甲夜此一日中所習何業所行何事謁何師友見何親長聞古人有何法言德行見今人有何嘉言善行及節候之晴雨暄寒草木之華實貞脃心之存否業之勤惰此一日中深自省察有多少妄言妄動妄視妄聽已知愧悔未及懲改者悉直書之或並未知覺悟者則次日追書之毋有欺隱倘稍有欺隱之心此最害事陰陽內外之刑旋至不汝寬也　其緣事緣病輟業則詳記之有時隨長者出游何處園林山寺見何等牓書石刻亦記之

朝　聽講某書（自某篇起至某篇止）　讀某書（自　起至　止）

背書（自　起至　止）

午　習大字幾紙　習小字幾篇（錄何書）

溫書（自　起至　止）　覽某書（自　起至　止）

暮　讀書　屬對

夜　讀（文詩）　記典

日間曾（行見）何（事人）或作（文詩）

疑義若干條

證解若干條

日記之法如師長嫌每日考覈太繁或五日一呈閱亦可月終則通計一月之勤惰而董戒之歲除則併計一年之有無長進出考語毋稍寬假師道嚴則學徒乃能孟晉譬治玉石者必以鑢錫沙石治宋桷者必以斧斤椎鑿凡能成天下之美材者皆恃有猛惡之器爲之鏃礪也是所切望於授業解惑之經師人師不肯誤人子弟者

中江講院添設季課示

為講院添設季課先期曉諭事竊惟
國家廣設科目以待士豈禮羅眞材士子挾經術以應科目期不負所學祇行讀書求為根柢之學要在經史沉潛反覆於經史之句逗文義然後本體清明而其致用機神无滯儒生事業積數十年為之達足以佐翼治術窮足以扶樹世教澹薄自娛窮達一致優而柔之使自飫之非可猝辦於一旦夕閒也夫先漢達例期以三年通一經又勸以祿仕榮以青紫故經生蔚興唐以後帖經寖廢偏重詞賦三傳每束高閣儀禮輒苦難讀自茲

以降趨華少實每患經意深微望而卻步宋元豐後新經義興又多馳騁空理秀才變學究之歎作法取士者亦自知其弊故六藝晦蝕世運爲之也然私竊以爲古之經猶今之史也尚書爲記言之史春秋內外傳爲記事之史詩則輶軒采之易主卜筮陰陽則太史氏職之成周之儀禮周官漢之大小戴記猶唐之六典開元禮

國朝之會典通禮也荀卿子言法後王文中子稱七制之主其意以爲歷代因時爲治禮教不同積時成史積事成治今之正史編年即謂爲古經之枝與流裔何爲不可乎然則苟以讀史之

意讀經則趣昭理繇操以決事辨覈是非得所折衷以讀經之
法讀史則兼能洞明古今利病替變措之行事而不流於迂謬
見仁見智隨所得之淺深深則發攄義理有功載籍淺亦約束
身心粗知壆守殆無施不可也何必強分剛柔之日力甲乙之
部分乎諸生恪遵
功令歷試制義策論詩賦攷宋元明舊制敘大義式八股末後有
一段大結準引正史事如漢文景詔令唐太宗貞觀政要之類
推勘題義詠歎以申經意
國初諸老先尚沿此式後有司以恐涉關節奏請禁革此爲防弊

非本意也然則作時文而不根据經史不通知古今庸得爲代
聖賢立言乎況策論所以評勘古事詩賦所以潤色鴻業尤非
典贍沈博精微朗暢不爲能事乎昔杭堇浦先生主講廣陵敎
士人先讀四通謂資治通鑑及三通也阮文達公勸諭登仕籍
者雖羈身簿領讀書尠暇惟常讀二通可以通知古今得失善
敗有裨政事厥功非細服官政者尙爾何況白屋下帷罙精撢
思者乎故講求時文帖括弋取科目而謂可不通古今之事變
庋經史於高閣滋所謂惑者矣諸生愼毋蹈此陋習今擬仿照
省垣書院章程每一季添課一次經解史論賦各一首不拘體

詩或序跋頌贊各體一首鄉試之年或以經義代經解限兩日繳卷評次甲乙量給膏火以勸學林夫九經三傳者天地之樞機萬事萬理之準的治之最爲切要史者古今之簿籍吉凶成敗各以其類感召王道備人事浹年代尤近尤切於用所以羽翼經傳者也詩賦挪意造詞不主故常漢志六略別立爲一家九能之士陳古砭今從容諷議者之所爲亦游藝之事而有益身心切時利病者也諸生平日學有心得其文必自出一段格律精采光景常新斷非勦襲撏撦者所能僞託也爰本杭阮兩公教人之意剴切言之以爲多士勸至應讀諸書分門著錄各

從性之所近以便專門講肄另付槧梓須行此諭

爲出示觀風事照得皖南爲人文鱗萃之區東箭南金英才輩出春蘭秋菊耆碩挺生

國朝昌明正學　四庫宏開其時以家藏秘本精鈔恭進石渠天祿者有人乾隆中大興朱笥河學士視學政日恭進汪先生紱江先生永遺書上備　四庫館箸錄椎輪既遠古學復明乾嘉以來風軌彌盛不惟潤色鴻業摭百家之英華抑貴扶樹世程宗六蓺之家法魁儒宿學藻曜後先爲箋解聲韻之學者則江先生慎修戴先生東原江先生有誥爲三禮之學者江氏而外金先生輔之凌先生次仲胡先生竹村爲律算推步之

學兼通中西法者梅先生定九及其孫文穆公江戴兩先生程侍郎春海爲訓詁考證之學者程先生易疇俞先生理初朱先生蘭坡姚先生仲虞治朱子之學爲之疏通證明者如江先生之注近思錄十四卷又本儀禮經傳通解作禮書綱目夏先生炘之作述朱質疑亦其職志也爲編年記事之學則夏先生燮爲詞章書藝之學則有施尚白梅耦長吳殿麟鮑雙五梅伯言包倦翁諸先生此皆前輩風徽未沫含華擷實各成一家足爲後生法式者過舊都而望喬木之暢然入鄉社而式前賢之祠冢尋其墜緒考彼遺蹤某水某山是某先生釣遊之所雖百世

下過客猶將感發興起况生於其鄉上承謦欬者乎夫傳云一卷之經必立之師古人學校之規經義治事分治所業誠以才性各有偏得術業惟務分門兼通者固屬殊尤瑰特之材專治者亦判高明沈潛之質齊魯之學科分爲四儒離爲八宋臣司馬溫公論取士以十科分目誠欲使上智可俯而及中材可勉而幾也今所臚舉

國朝諸老先生治經各有專門製行各有風格年代相接耳目濡染近觀切證師法易明竊願多士以諸先生之遺書爲讀經史階梯而知所從入之涂轍其不至歧而至於曲學阿世也較

然易明矣查雍正中曾設觀風整俗使　卧碑鄉約載在
功令巡道稟承
大憲佐宣德意預有董勸整齊之責自揣學行庫薄未足以督
率列郡諸生入學横經修復鹿洞寒泉之規制惟忝以膺虛承
之一路區區固陋之義總期整學術以敦士習正人心以厚風
俗白嶽黃山靈秀所鍾蒸蒸德厚禮讓之風冀復乾嘉之舊規
焉爲此示仰各屬舉貢生童等知悉宜務以時爭自鏃厲肄精
實學不爲世俗空言庶幾剖生烟之艮璞磨礲以成法物采捐
雲之奇榦匠斵而貢明堂傳曰大雅之材三十一小雅之材七

十四行見秋比晉關咸登
光範之門擢上第通朝籍上固足備
國家隨器授任之選下亦足以所學教授鄉里為口講指畫之
師其有光山川邑里繼媺前賢裨益善俗豈有既乎茲命題授
餉以覘宿學就其所長各抒數藝亦不拘定全卷近縣限十五
日遠縣限二十五日由各該府州縣學繳齊文卷以待校閱評
次甲乙取古者史氏陳詩觀風之義於多士有厚望焉特示

尊經閣募捐藏書章程

尊經閣記

立乎成周先漢之世建澤宮立學官設文學掌故及博士
弟子員其時君相造士之法别嫌疑明是非折羣言之淆
立闤市之平諸不在三物六蓺四術之科孔門七十子之
𢼸言大誼凡涉歧旁袤徑曲學阿世紛緝雜出者宜絕其
術勿使並進經之所以薰陶萬士涵養德性磨礲器業别
黑白而定一尊也然經者所以立天地之心正羣倫之命
揣物輕重若權度灼知吉凶若蓍龜抉眾理之精義以入
神操萬事之要領以應務猶之布帛菽粟百姓日用衣食
而不可須臾離也至於史籍三通輿地形勢與夫九流詩

賦兵家陰符數術方技盡古今之變通庶事之賾苟可觀採聖人勿絕若能修六蓺之術而復博取衆流之言捨短取長乃足以通萬方之略譬猶日月經天而不掩衆星之耿耿故暉麗融鑠以成其明嶽瀆作鎮而兼包衆山之嵯峨百川之蕩潏故涵泓演迤以益其大經之所以旁推交通博涉多優探賾隱盡情僞致廣大而逾尊也于湖舊有中江講院列州之長材秀民校蓺於斯辟趙德爲經師推朱雲爲先輩由來久矣夫人莫不有良知良能秉彝之恆性著作幹濟之材然憤悱而無以發其志趣邁往而無以堅其祈嚮蓄求道之忱矣而無傳道授業之師以正其趨

而解其惑則如漆室巨幽暗者無相冥行索途而不可見苟得良師矣而六籍不備羣編不富未嘗分門別類示之涂軌使人人自陶冶於學學焉而各得其性之所近則見寡聞後世譏之爲溝瞀陋儒矣然則莫爲之導雖十步有芳艸里社有忠信卒無道達其材而成其業此守土有司所大懼也甲午之冬乃出官私泉布屬主簿俞君立誠相地於講院之東偏剗刮榛蕪夷治瓦礫建高閣其上靡大泉二千餘緡而落成於乙未之秋登高明而資游息可以望遠山瞰大江風朝雨夕霞蒸雲蔚林皋翳然寸碧千里可以怡遠目益人襟期閣之上仿儀徵阮公焦山書藏

靈隱寺書藏例上爲書庫募捐官私刻集以實之會兩江總督南皮張公批牒準行先發金陵蘇州局刻書以爲之倡於是俾教諭王君呈祥司其扃鑰院中諸生得以序揅覽節鈔維持其性靈該洽其聞見用天一閣例但不準攜本出院門一步以防散佚而山長汪先生董其成焉閣之下仿前皖撫朱公石君建西湖三祠例牓曰先覺正氣遺愛三爲之龕以皖南先正爲限斷有專主有總主山長率諸生則朔望謁地方官以春秋祀或亦有助於風教歟慨夫小雅道缺世變亟矣　君相仄席求材尤殷如其華文少實在門牆則麾之果能成器致用在彝翟且進之教當

二

備術略乃多方苟以效立學官之十四經擇思天人之故而以史籍九流疇人算術兵家技巧挈窮古今之變以古學潤今治以道術康世屯科分目張禮失求野磨礲浸潤暉光日新毋作輟毋寒曝毋助長毋求速化縛治一業未精毋遷徙他業縛攻一蓺未竟毋涉獵佗蓺毋剿耳學而尙孤詣毋溺於同能而睎獨勝毋暖暖姝姝奉一先生之言以自蔀傳曰尊其所聞則日進於高明行其所知則馴至於光大人材之興也有日矣非守斯士者之所日夜禱祀求之者哉爰不辭譾陋而為之記

稟請督憲飭發局刻書

三

竊惟漢志蓺文兵書數術與六蓺九流並爲研幾致用通
萬方之略唐分科目明法明算孫吳科與明經進士皆爲
隨器授任儲六職之材安定胡文昭課湖學以經義治事
分齋人材稱盛
國朝康乾閒兩舉鴻博再舉經學設蒙養齋以習算學又
設陽城馬周科以策時務其時鴻生巨儒疇人律博驪首
奮翼鱗集雲興道光初阮文達設學海堂近日憲台設廣
雅自強等書院分門別目以造就多士專門之學媲羣雅
開風氣納秀穎子弟於百家衆蓺摶埴鑪冶之中於時務
利病綜中西之學含短乃以取長收效既遠於

三

國家取士使大小雅之材履展各適其用程功尤大以及近日各行省如河北設致用書院上海有求志書院方言館天津設北學海堂水師武備學堂中歧船政局設前後學堂分肄製造管駕之學夫欲培養人材必倚學堂書院爲之根本將來風氣漸推漸闢日計不足月計有餘大處著眼小處下手專門各肄才謂奮興使功令求士不致有臨事乏材之歎不致蹈有科無目之弊此其立法似迂而實切程效似賒而實急也職道不學無能至愚極陋謬蒙委任寄以監州一路竊不自揆前事有所師承雖物力艱絀規模未拓不敢不以漸經營雖驟變

舉業恐駴物情不能不因勢利導近于于湖中江講院稍
稍延聘師長招集生徒使之講蓺精廬抱經橫舍近新建
尊經閣六間修葺齋舍十餘間閣上製書庫以經費未敷
謹仿照阮公焦山書藏靈隱寺借秋閣書藏例凡古近叢
刻經籍募人捐送閣上藏庋遠近有好事者送書到院由
地方官專函報謝酌送川資至行省書局所刻羣書近且
積油素充棟宇載殺青汗牛馬擬分別稟請各省大府請
攽一分請領員弁般運水腳費由撫巡道出或有私家剞
劂亦隨時函募使甲乙景丁之部月積之而漸多左圖右
書之觀漸裒之而彌廣則寒士如皇甫謐不須表乞一車

高流如沈鱗士且得移鈔十簏閣下則祀皖南先正自朱子以下及江愼修汪雙池程易疇金輔之諸先生胡望山長率生徒行禮以廣多士景行之資是否有當尙乞鈞誨伏思金陵蘇州官書局所刻羣籍積累已多皖南爲憲台轄省多士仰沐日月之光得在陶甄之列可否求飭下書局提調照放一分俾得請領庋藏于湖尊經閣以爲諸生諷誦竹帛之資且仿顧氏分類傳鈔之法漸開風氣既令分肄專門務廣見聞庶免貽譏目睫化文蛇爲章甫鑿混沌以智囊將使黃山白嶽咸戴覲風整俗之仁東箭南金漸儲拔十得五之選地方幸甚

欽差南洋大臣兩江總督部堂張　批

據稟於中江書院添建尊經閣修葺齋舍仿分齋治事之法俾多士廣識時務致力實學仍歸本于儒宗具見深明治本注意人材深堪嘉慰所請由金陵蘇州書局將所刊經籍各發一分爲生徒肄業傳鈔之需仰候分行兩書局遵照移發備用所需紙張印刷價值照章報銷可也繳

中江書院尊經閣募捐送書籍并藏書規條

一各處官紳諸公捐送書籍到院卽於書目注明送書人姓名仿仙源書院例也一俟書目積成卷帙隨時刊布

以示不忘諸公續文勸學之至意

一各省　大憲批准巡道稟並札行頒發各書局所刻經籍由巡道出具領紙派員弁往領歸分庫庋藏收書簿上即登明書共幾部係奉　某省大憲頒發以志名公鉅德嘉惠士林之意

一遠近官紳頒發捐送書籍隨到隨登簿官則注明　某省大憲頒發或某省某官捐送紳則注明某地某甫先生捐送暫不分四部目次只論送到先後以便隨時刊布志謝一俟積滿四部十得六七縹緗盈庫抽素分門然後再按六略七錄分類重編以示諸生分門肄習

一尊經閣門平時出入鎖鑰歸一人管理每逢課期或鈔古賦鈔隱僻典故習見者不鈔上千字者午後貼出或查出處注於題下書若積多則一人不能兼顧須添一人分任其勞派定正辦副辦事有專責若有遺失惟正副辦是問

一每年曬書歸正副辦酌請精細人陸續收曬務須親自檢點年底邀各首事齊赴書院公同查檢

一尊經閣樓下實有桌椅欲觀書或鈔書者只準在此閱鈔限至遲十日必繳還一概不許攜帶出院違者議罰無論官署世家皆不得徇情面

一諸生借閱掌書者先將書頁當面數清如有脫頁即寫

於書頭上蓋戳記收還亦須當面過數倘有缺損須借書者補鈔恐有懶於照鈔將書撕下或有忌人知之者會課時尤宜防若妄加圈點批評亦須面斥以後不準借書

一借書但准平時若課期前即未逾十日限期亦須送繳以備出題時查攷出處出題日但准來查自帶筆墨照鈔不准借出緣書止一部查者衆多也

一史漢三國及各種類書只准偶爾繙查不准借出四史局價甚廉金陵書局史記錢叄串貳百兩漢錢陸串三國錢壹串捌百須各置一部或數人分買傳觀亦可若類書一查即了不必借出且恐常有人來查攷至於孤本鈔本尤不准借

一院中書籍公舉正人總理另舉在院肄業生或在院數
讀者一人專管借書每年酌加薪水如有遺失總理查
出專管賠認

一院中書籍皆須蓋用學印以昭信守如有古刻珍秘之
本閱者不得以近刻之本換出如有更鶩罰從奪牛

一每月專管須開書廚晾風一二次每年六七月專管者覓
精細人曬書一次曬後邀各總理清查一次

祀典錄

先覺祠

宋煥章閣待制侍講提舉南京鴻慶宮致仕寶慶初贈太師徽國文公從祀　澤宮先儒朱子

宋尚書都官員外郎梅聖俞先生諱堯臣

宋舉人胡玉齋先生諱一桂

宋舉人陳定宇先生諱櫟

明處士趙東山先生諱汸

明處士沈眉生先生諱壽民

明孝子黃先生諱紹洛

國朝翰林院侍讀施愚山先生諱閏章

國朝處士梅定九先生諱文鼎

國朝歲貢江愼修先生諱永

國朝歲貢汪雙池先生諱紱

國朝翰林院檢討徐位山先生諱文靖

國朝甯國府教授淩次仲先生諱廷堪

國朝翰林院修撰金輔之先生諱榜

國朝孝廉方正吳殿麟先生諱定

國朝　經筵講官戶部右侍郎程春海先生諱恩澤

國朝湖州府知府吳園茨先生諱綺

國朝孝廉方正太倉州學正程易疇先生諱瑶田
國朝戶部主事胡竹村先生諱培翬
國朝孝子何先生諱士閥

正氣祠

宋奉議郎通問副使朱公諱弁
宋進士出佐江西漕政許公諱月卿
元禮部尚書追封譙郡公謚文節汪公諱澤民
明禮部右侍郎　國朝賜謚忠節黃公諱觀
明禮部尚書　國朝賜謚忠烈陳公諱廸
明兵部右侍郎贈禮部尚書謚文毅　國朝賜謚忠節金

公諱聲

明昌平副總兵署都督僉事　國朝賜謚忠烈湯公諱九

州

明諸生　國朝賜謚忠節吳次尾先生諱應箕

明諸生　國朝賜謚節愍江先生諱天一

明布衣贈中書舍人湯先生諱文瓊

明左長史　國朝賜謚節愍程公諱通

明瀘州知州贈太僕少卿　國朝賜謚忠烈蘇公諱瓊

明陝州知州　國朝賜謚忠節史公諱記言

明江西副使贈光祿卿謚忠愍汪公諱一中

明翰林院簡討　東宮講官汪公諱偉

國朝工部左侍郎贈尚書諡文節呂公諱賢基

國朝荊門直隸州知州升用府贈道銜諡剛介李公諱榞

國朝黃州府知府贈太僕寺卿諡果毅金公諱雲門

國朝浙江糧儲道署布政使諡貞介王公諱友端

遺愛祠

梁新安太守彥昇任公諱昉

唐東都河南江淮轉運租庸鹽鐵常平使士安劉公諱晏

唐池州刺史前吏部司勳員外郎牧之杜公諱牧

唐祕書少監當塗縣令少溫李君諱陽冰

宋參知政事前廣德州司理參軍謚文正范公諱仲淹

宋黃門侍郎前知績溪縣謚文定蘇公諱轍

宋吏部員外郎知太平州追謚文節黃公諱庭堅

宋禮部尚書前知徽州伯厚王公諱應麟

宋知徽州袁公諱甫

宋知歙縣事彭君諱方

元翰林學士承旨贈司徒前蕪湖縣令歐陽文公諱元

元甯國路錄事吳公諱師道

元知宣州張公諱果

元建德縣教諭程畏齋先生諱端禮

國朝大學士前安徽巡撫贈太傅謚文正朱公諱珪
國朝提督安徽學政翰林院侍講學士朱笥河先生諱筠
國朝太常寺卿前徽甯池太廣道謚確愼唐公諱鑑
國朝太子太保兵部尚書原任四川總督前徽甯池太廣
道謚恭勤李公諱世傑
國朝松江提督前蕪采營參將謚敏壯梁公諱化鳳

古今祀典廢復不常以上三祠栗主粗考史傳方志
詳定日來簿領鮮暇匆匆具艸恐未精審所望達者
理而董之集議應增應罷自可隨時糾正

右三祠奉祀栗主遇朔望則主講之師長率肄業弟子

員拈香行禮至春秋月則地方官上祭
先儒朱子祭品視　澤宮上丁釋菜祭十二哲儀物此外
各配位俎豆鉶簠之數稍殺視兩廡禮節亦然如
朱子位前二跪六叩首餘一跪三叩首伏查
先儒朱子以建炎四年庚戌九月十五日甲寅生於沈溪
寄籍慶元六年庚申三月初九日甲子在武夷寒泉精
舍易簀故春祭定以三月十二日祭乃吉禮避諱日也
秋祭定以九月十五日恐兩仲月地方
壇廟祭祀方殷故改用兩季月也至一歲之中如遇范文
正山谷深甯愼修雙池諸先生生日亦可作一眞率會

魚菽溪毛寒泉秋菊皆足以潔齋致敬歆祀前賢諸生
稟明主講行之可也

補先覺

晉瞿硎先生

唐徵拜拾遺進士費先生諱冠卿

補遺愛

晉鎮西將軍謝公諱尚

南齊宣城太守吏部員外郎謝公諱朓

梁新安太守謚忠壯程公諱靈洗

唐知歙州祠部員外郎陸君諱傪

補正氣

元翰林待制鄭師山先生諱玉

國朝卹贈知府知鄱陽縣沈公諱衍慶

補先覺

國朝潁州府教授夏弢甫先生諱炘

汪公偉明贈少詹謚文烈　國朝改謚文毅

汪先生紱乃附生非歲貢

右据汪仲伊山長來函增記

遺愛應增

漢當塗長朗陵荀君諱淑

漢建威中郎將江夏太守曾任舂穀長周君諱瑜

宋龍圖學士曾知太平縣升任知廣德軍高郵孫莘老先生諱覺

宋參政曾任徽州戶曹周益公諱必大

宋參政曾任徽州司戶參軍石湖范公諱成大

宋通判廣德軍召爲宗正少卿私謚文潔慈溪黃公諱震

明知甯國府樂安袁公諱旭

明監察御史曾任甯國府推官餘姚黃忠節公諱尊素

嘉慶初年朱文正官統部非故鄣一道長吏有失限斷且文正弟也不可居笥河前應罷祀

國朝徽甯池太廣道謚文貞丹畦何公諱桂珍

國朝廣東陸路提督前皖南鎮總兵贈太子少保銜謚忠壯劉公諱松山

先覺應增

宋知鄂州羅端良先生諱願

胡先生一桂號雙湖前誤稱玉齋乃其父方平字也雙湖先生宋景定甲子舉人入元不仕今稱宋鄉舉胡雙湖先生亦可陳定宇先生則元延祐初舉人當稱元鄉舉

應改正

明禮部侍郎程篁墩先生諱敏政

明處士梅禹金先生諱鼎祚

國朝左都御史梅文穆公諱瑴成

丁酉八月檢通志大清一統志諸書重有增訂祀記

王深甯先生父子知徽州皆有惠政孫莘老知太平

縣其婿黄涪翁知太平州亦佳事也李恭勤年輩當

居唐稿愼前又記

中江講院建立經誼治事兩齋章程

中江講院現設經誼治事兩齋章程

一講院延聘主講一位掌講授諸生訓故義理經制詞章之學仿菊坡精舍學海堂例額設學長二員經義齋定額正課五名附課五名治事齋定額正課五名附課五名外用廚夫一名門丁一名院中大小事件以及尊經閣抖晾書籍借書還書不許攜出院門一步以防散失春秋祭

朱子栗主及三祠以及朔望行香皆由學長會同監院之縣學教諭謹慤司事呈明主講辦理

一院中有尊經閣閣上藏

四庫書閣下恭設左中右
正氣先覺遺愛三龕崇奉
先賢朱子栗主冠
先覺祠之首閣上藏書於甲乙丙丁四部而外兼蒐本
地方志及鄉賢著述未呈進而可傳述者以及象胥
貉隸之編三島四洲之志近日津局滬廠粵局京
師同文館所刻西學方言格致化學天文測算靈臺
儀象水陸軍操機器製造植物商務公法律例等書
教者授者先要識得何者爲體何者爲用要在正本
以御末不可騖華以絕根

一近日書院學堂州縣庠校公私義塾最苦難得經師
人師。經濟之師。往往不在館時多。即在館亦茫無授
受啟發儼同病坊冷署。祇為頤養之地。此縱高才名
士亦為誤人子弟。厚貌深情。心地最不可問。近世名
師。若李申耆之主暨陽。錢衎石之主大梁。唐確慎之
主鍾山。陳蘭甫之主菊坡。先師　劉中允之主龍門。
友人朱鼎甫之主廣雅。黃元同之主南菁。乃為修己
治人。樸實頭地。孜孜講授。多士乃能受益。可舉為主
講之法。至於肄業弟子。但貪圖月領膏火。儼同乾館
即使每月讀書札記。不過摭剿陳言。東鈔西撮。罕有

心得一覽易見此等積弊宜與痛除否則且爲太西各邦學堂執爲笑枋不亦可恥之甚乎現定掌教老夫子歲修漕平四百八十兩膳敬八十兩節敬分多寡有無視歲會時以肄業生功課之進退爲斟酌學長二名歲餼一百五十元正課肄業生每月廩五元附課月廩三元以四季考課優劣爲進退正課缺則補附課附課缺則以備取補之學長年終有酬勞勤者重酬惰者斥退諸生勤者如有才識非常道藝淵茂拔萃異等之材准予詳請　大憲欽遵光緒二十一年

飭下各屬吏薦辟奇才異能
諭旨奏保人才達之
朝廷聽候考驗錄用次優者稟請　大府嘉獎又次者
准予留齋學習惰者斥革四季甄別巡道扃門面試
有事則委賢員代辦

一大戴禮記曰人生少而不學長無能也老而不教死无思也是故君子少思長則學老思死則教又曰其少不諷誦其壯不論議其老不教誨亦可爲無業惰遊之人矣荀子曰爲學有四要誦數以貫之思索以通之爲其人以處之去其害者以持養之司馬溫公

朱子皆本此義以讀經史以教生徒爲其人以處之
知人須論世不可妄下雌黄也去其害者以持養之
忿欲害性平日要於日用事物上無論動靜獨居之
地一面省察克治一面持靜涵養此即集義養氣開
物成務遠大功夫所植基扃如此方是眞正康莊大
路今日之山長安知異日
朝廷不下徵召之敕書備
經筵之顧問今日之學長諸生安知異日不膺茲遇之
殊榮通朝籍以序進且陳先生澧就本籍
詔加五品卿銜矣唐先生鑑則奉

敕重編朱子全書于鍾山書院矣師嚴道尊弟子列春
官錄者往往皆安定門人而安定亦奉召長成均備
顧問此皆故事盡人知之或出或處際遇何常豈非
處逸大儒際會特達有時而爲在位通人師生交榮
身名俱泰豈非千古美談而乃積然放倒視爲冷局
乎

一學術同歸而殊途一致而百慮道混成而自然術同
源而分流聖門四科造材溫公十科取士學各成家
數積各立嫥門六官之任平世必當量材而授四學
之建閏朝猶知分設爲宜古今學術治術最忌儱侗

宣臣 四

雷同揚子言由於獨智乃能入自聖門心之精微謂之聖凡執事無論何項皆有聖處獨到工夫也韓愈作通解斥圓通雷同者爲大謬取特立獨行者乃可用此爲近世俗學痛下鍼砭也至於明人講學拈立一宗旨妄自尊大槌提瀾辯竟類於臨濟喝德山棒之所爲又若墨守一先生之言或形聲名物或駢散文字淺學小讀以此自雄尤爲陋劣是豈古者三物四術六藝十四學官分門服習之規制哉雷同儱侗胸中實不明理一若一身可以歷六官而實未通曉一官之事此累代時文之弊也拈提宗旨一似傳鐙

授鉢五宗血脈智者倡愚者和是非之心太勝而陰以濟其把持之私高心空腹尊己卑人生心害政貽誤學子此明人語錄之弊也至近來俗學瑣碎競於文詞之弊又斗筲不足論矣卽如世士指金溪宗旨爲尊德性而以道問學稱朱子此謬悠之說也德者內得於己外得於人之謂乃有心得而遯世无悶之事不可言尊性具吾心若尊性則與釋氏之尊心何異諺曰不習爲吏視已成事名臣經濟必須在事物日用上磨礱若自謂心學已透澈不消理會頭緒便可通貫萬物以之治事夫誰欺卽修詞作古文亦有許多聲病戒律之學不可全信篤其實而蔵者書之之說壺公師謂尊遵古通假字中庸本義乃謂遵德

性必濟以道問學。猶率性也致廣大必斂之又斂以盡精微極高明必復歸平實以道中庸修溫故之業非知新安有心得兼敦厚之姿非崇禮惡能成材如虞夏書之寬而栗柔而立愿而恭直而溫剛而無虐簡而无傲上下意義相洏相成與此文正同詞同物耳若拈提致廣大極高明以爲宗旨豈非詞義不完試問古今有此學問乎金溪知荆門州講洪範斂時五福在鵞湖講君子小人喻義喻利之界限判然朱子嘆爲切中學者隱微深痼之病聞者莫不悚然動心然則金溪曷嘗不道問學乎爲學自八歲習朱子小學稍成人則道于近思錄適此以習四術六藝馴至乎三德至德以爲道本敏德以爲行本孝德以知逆惡銖積寸累數十年心力自致淹貫豈有陵節躐等一超直入工夫今山長諸生皆幸生於朱子之鄉朱子中年治易本義詩書四子集傳而晚年誨學者勿言空理不如言禮乃爲平實於是有修儀禮經傳通解之作而江氏永本之爲禮書綱目徐氏乾學秦氏蕙田廣之爲五禮讀禮通考理一而分殊際天而蟠地汪氏紱及近儒夏燮亦於朱子之學多所發明學者正朝夕必視北辰入闈市必立之平非考亭之歸而誰歸乎教人者始於詩書而成於禮樂謂之四術

一書院壁閒牓示白鹿書院學規所以使學者體認朱子窮理居敬銖積寸累工夫由此入門也至於整齊百家分析門目使人入學焉而各得其性之所近則近出之輶軒語爲最簡明切要宜人置案几一本語中分行學文三綱領乃用保氏鄉三物教人之古義而又仿汪龍莊言吏治書體裁將大段節目利病一一爬梳而又以書目答問舉出入生必讀與備查之書部居系別示人津梁故言吏治莫善於學治肊說言學術莫善於輶軒語也近刻經籍舉要竊取斯義故輶軒二書學者不可以不刻心焉久之自然造廣

大又久之自然造精微矣。

一兩齋諸生人給日記簿一本有放行格式計每日行事日記一本每日讀書日記又一本每日行事讀書有敬義分數多少有怠欲分數多少必詳記之以爲自訟改過張本言有教動有法晝有爲宵有得息有養瞬有存有心得則札記勿剿襲成言勿有意求深勿作閒冗枝葉語須鞭辟近裏著己非實有所得勿妄下筆尤忌妄論古人前輩長短逞空肌以張其謬論既不切情事又長虛憍之氣此最惡習也五日一呈學長由學長評閱後再呈山長批改以存親師取友斆學相長之古義焉

四書義月一課常年十課秋賦之年加五經義一首每季課以古學不拘論議表判解考序記史漢騷選時務算學西學叢書內各出一題常年四課以每課六題為率如經義齋出六題治事齋亦出六題願報考何齋者聽由山長評定甲乙而有司第其最優次優劣等以差次放發獎贈刀布爲入院肄業以四季考課爲進退在院學生三次考劣則斥出

一經義齋分課經學儒以道得民小學訓故韻學附理學師以賢得民其中切於日用治事之精誼實有章句訓故之學所不逮者詞章之學李申耆分三類太略姚惜抱分十三類稍繁惟曾文正整齊之爲三門十類最爲賅括王道人事之全經制之學目從永嘉

學派。皇朝方略。三通、會典、通禮是也。周髀及十種算經之學。揚徽秦九韶等隷之。

一治事齋分課史學、通鑑學、三通學、掌故學、時務學。近屢奉

朝廷功令。敕所在設立西學書院。現遵採西域專門之實業。鎔入中夏大備之成規。斟覈名實。別擇精英。臚為八門。一曰算學。如代數學、幾何原本、平三角、弧三角、微分積分、航海測算、天文測算之類。西法由淺入深。當分年課之。二曰方言。孔子教人務雅言。絕不為語錄支離蹇淺之談。而揚子於法言太元外。別撰方言。周禮有象胥氏。方言亦所必講。公羊多齊言。非方言乎。詔求齊人能正讀者張敞。非雅言乎。三曰格致。汪雙池先生物詮、計然萬物錄皆格致書。光、化、力、重、電氣等

學皆在內。四曰律法。中律密。西律疏。唐和吐蕃大招寺碑文字及三朝北盟會編所載質劑要約之詞。乃公法條約榷輪也。五曰製造。六曰商務。七曰水陸兵法。八曰輿地測續。

一陳同父言。扶危濟否之運。有時天地鬼神之力亦窮。不能易之。而卒能易之者。人定勝天也。范蠡杜口於沼吳。葛公晦迹於吞魏。張良先學禮於淮陽。房杜亦從游於汾水。臥薪嘗膽。非一朝夕一口耳之功。今世有危言高論。自詡氣節。日飲亡何。而以精衛刑天自比。空作忼慨激昂之狀者。特客氣之士。爲客氣所使耳。設使朝廷用此輩人必大誤國事設使諸生效法此等態度必無益世道而先履危機此豈仁人志士智勇深沈者之所爲哉子貢曰無報人之志而令人疑之拙也有報人之意而使人知之殆也事未發而先聞危也今山長學長諸生但使一命之士存心利濟於事大小必有所裨亭林先生所謂士預有責焉者也博觀而約取厚積而薄發但當下切實堅苦之功植根忠孝先務自治切勿故作激詭叫囂之行託迹昌狂大言欺世如石介之流吾無譏焉

一朱子論程門高弟如上蔡定夫龜山皆入禪學惟呂

與叔不入禪。呂氏初學于橫渠。湛深禮學。故根柢厚。朱子答林擇之云。比因朋友講論。深究近世學者之病。只是合下欠持敬工夫。所以事事滅裂。其言敬者。又只說能存此心。自然中理。至於容貌辭氣。往往全不加功。設使眞能如此存得。亦與釋老何異。上蔡說便有此病。又況心慮荒忽。未必眞能存得耶。程子言敬。必以整齊嚴肅。正衣冠尊瞻眎爲先。又言未有箕踞而心不慢者。如此乃是正論。而先聖說克己復禮。尋常講說於禮字每不快意。必訓作理字。然後已。今乃知其精微縝密。非常情所及耳。朱子門人黃榦等奉師訓纂輯儀禮經傳通解三十七卷續二十九卷即本集會林擇之書之意也後來愼修江先生作禮書綱目周禮疑義舉要儀禮釋宮譜禮記訓義擇言深衣考誤雙池汪先生作參讀禮志疑輔之金先生作禮箋易疇程先生作宗法小記考工創物小記喪服文足徵記胡氏匡衷作儀禮釋官次仲凌先生作禮經釋例竹村胡先生作儀禮正義燕寢考今講壇改牓曰學禮堂蓋兼朱子及鄉中諸老先生之遺教也諸生顧名思義習禮爲先大樹下茅蕝前皆可服習入孝出弟親仁愛衆日用飲食動靜語默無一非禮意之所

貫注無時不當省察克治何必入廟而後知敬哉

一朱子滄洲精舍諭學者云書不記熟讀可記義不精細思可精唯有志不立直是無著力處如貪利祿而不貪道義要做貴人而不要做好人皆是志不立之病故賀布政長齡輯　皇朝經世文編首卷學術門第一篇卽載歷城張先生爾歧辨志論大聖大賢之智不偏物而急先務顏子所樂乎簞瓢陋巷者見其大而忘其小見其大則心泰心泰則無不足學人惟能立志斯之謂見大斯之謂不偏物而急先務吾曹當共勗之

一識時務者存乎俊傑知古而不知近則不通古今之變謂之陋儒乃井蛙拘方之士也易大傳曰通變者趣時者也史稱因時爲業據勢爲資時勢之利病可不出戶窺牖而知之其惟讀時務報乎唐孫樵有讀邸報文曾文正每日以圈報一本列入日課今師其意山長諸生均月買上海四馬路時務報三本傳觀參究以洗拘方一曲之陋以藥空談時務之病

一中江講院規制苦於經費本絀近年稍稍擴充人事因循亦未立延師課士節目且俟籌得有著的款經費稍充仍當仿照鄂垣章程分設自強學堂兼聘西

師專肄西學與講院分茆設蕝不相羼雜現在所以姑立兩齋者緣物力太絀故也至尊經閣藏書甲乙丙丁四部而外戊方志己西學叢書稍引其端尚未全備有司之物力日力不濟可知然使後任同志者賡續爲之可以力能支持開拓日計不足月計有餘以書籍益人神智以人材羽儀邦國是所望於後來之良司牧匡其陋劣不逮焉

光緒二十二年龍集丙申秋七月初三日丙申寫定

補一條

一欲通知古今利病以究心

本朝之官書爲急先務讀史亦當詳近而略遠近則於利病較切遠徒供獵取詞藻胡益哉且一部廿四史博而寡要勞而少功必卷卷爲之校勘人亦安得有如許日力精力也每一朝成敗利病數大椄必須考訂則有遠祖先機仲府君之記家諱事本末義例在其餘璅細不足科而亦煩考据鏤冰畫脂果何用乎竊以

皇朝方略不能家有其書若

聖武記、嘯亭雜錄、石渠餘記（王公慶雲）浙局近刋之
皇朝三通、白雲司校刋之律例編注集成、禮部校刋之
會典通禮、王氏先謙校刋之九朝東華錄（天命至咸豐朝）以
及彭氏（紹升）之測海集、畏吏述、錢氏（儀吉）之名賢碑
傳錄、續畏吏述、錢氏（林）之文獻徵存錄、李布政（元度）
之先正事略、王大令（炳燮）之
國朝名臣言行錄正編二編三編、皆近有刻版、易於購
致、細心紬之、於學術治體、皆有先路之導、裨益士大
夫神智匪淺、夫子聖素王、從事百廿國寶書、先治
魯十二公史記、所見所聞之世、倍切於所傳聞之世

先務通知宗國利病時政得失身爲本朝之搢紳服習一王之制作天職所當治分內所當盡者然也上聖且然而況吾儕中材以下乎退之自言於前古當今之故能識其一二大者焉呂成公編宋文鑑黃漳浦撰博物典彙黃文孝編明文海家有勝朝實錄邸鈔黃陶庵館錢氏多閱國故邸報故爲文深明大略不爲空言近左文襄館安化陶公家多識掌故地輿年四十九始出受軍任涉歷畺寄遂爲勳臣往跡可覩已若泥古不化而又不通今日當務之急欲求免爲傭瞀陋儒得乎哉

安徽巡撫部院福批

前據具稟已批飭照辦在案茲據將所擬章程開摺稟

呈前來本部院詳加披閱均係學求根柢體用兼權但

能教授認眞多士旣資造就人才庶見蔚興仰卽督飭

委員趕將兩齋精舍妥速建造完工購備中西各要籍

訪延學行優異之主講齋長擇期開辦隨時具報查考

仍補稟

督部堂並候批示繳摺存九月十四日

欽差南洋大臣兩江總督部堂劉批
稟摺均悉該道擬於中江書院添設經義治事兩齋延
聘主講量才督令在院肄業諸生兼課西學所需建屋
及購中西各書歲支不敷由該道捐廉籌給係爲造就
人才因時制宜起見應准如稟辦理仰卽遵照務令山
長朝夕認眞講求俾得學有進益毋稍懈忽是爲至要
仍候
撫部院批示繳摺存十月十一日